Storytelling

Karin Thier

Storytelling

Eine Methode für das Change-, Marken-, Projekt- und Wissensmanagement

3., überarbeitete Auflage

Mit 23 Abbildungen

 Springer

Karin Thier
Narrata Consult
Bad Bergzabern
Deutschland

Ergänzendes Material zu diesem Buch finden Sie auf http://extras.springer.com

ISBN 978-3-662-49205-5   ISBN 978-3-662-49206-2   (ebook)
DOI 10.1007/978-3-662-49206-2

Die Deutsche Nationalbibliothek verzeichnet diese Publikation in der Deutschen Nationalbibliografie;
detaillierte bibliografische Daten sind im Internet über http://dnb.d-nb.de abrufbar.

Illustrationen: Martin Armbruster

Gedruckt auf säurefreiem und chlorfrei gebleichtem Papier

Springer ist Teil von Springer Nature
Die eingetragene Gesellschaft ist Springer-Verlag GmbH Berlin Heidelberg

Vorwort zur 3. Auflage

Sechs Jahre sind seit der 2. Auflage verstrichen. Viel hat sich getan. Storytelling gehört zum Repertoire der meisten (PR-)Agenturen und Seminaranbieter. Neue Blog- und Zeitschriftenbeiträge mit dem Titel „Storytelling" erscheinen wöchentlich und auch der Buchmarkt zu diesem Thema boomt. Man kann schon fast sagen, dass Storytelling zum „Must Have" der Unternehmenskommunikation und des Markenbrandings geworden ist.

Betrachtet man Storytelling im Kontext von Managementaufgaben, wie der Gestaltung von Change-Prozessen, dem Entwickeln einer guter Unternehmenskultur, dem Führen von Teams, Gestalten von Projekten oder dem Wissenstransfer, so steckt der Einsatz narrativer Methoden noch immer in den Kinderschuhen. Hier ist ein Storytelling gefragt, welches über den Einsatz von Geschichten als Kommunikations- und Präsentationstechnik hinausgeht, eines, das man wohl eher als „narratives Management" bezeichnen sollte.

„Narratives Management" bedeutet neben dem Finden, Aufbereiten und Weitergeben von Geschichten eine Denkhaltung oder auch Managementphilosophie, die offen dafür ist, eine neue Perspektive einzunehmen. Zu ihren Grundpfeilern gehören: wertschätzendes Zuhören anstatt der Befragung nach vorgefertigtem Muster, Reflektieren von Ereignissen anstatt des reinen Dokumentierens, Kontextbezogenheit anstatt nüchterner Fakten, multiperspektivisches Betrachten anstatt einer eindimensionalen Berücksichtigung der Sicht des Managements, Partizipation von Betroffenen anstatt eines Top-down Vorgehens.

Bei unseren Projekten in Unternehmen stellen wir immer wieder fest, dass dieser Ansatz kaum zu den gängigen Herangehensweisen und Praktiken in der heutigen Managementlandschaft gehöret. Es besteht aber sowohl bei den Mitarbeitern als auch beim Management eine spürbare Sehnsucht nach und Notwendigkeit für so eine veränderte Denkhaltung bzw. Philosophie. Neben dem Wunsch nach mehr Sinnhaftigkeit und Wertschätzung in der Arbeitswelt wird uns auch die veränderte Arbeitslandschaft mit zunehmendem Fachkräftemangel zu einem Umdenken im Umgang mit den Menschen und ihrem Wissen in Unternehmen herausfordern. Hier stehen wir am Anfang einer neuen Dimension der Möglichkeiten von Storytelling, in deren Kontext auch dieses Buch zu verstehen ist.

Immer wieder erhielt ich den vergangenen Jahren Rückmeldungen darüber, dass die hier vorgestellte Methode in unterschiedlicher Form in Unternehmen und von Studenten im Rahmen von Bachelor- und Masterarbeiten verwendet wird bzw. als Inspiration und Grundlage dient. Das freut mich und war mir ein Ansporn für die Arbeit an dieser 3. Auflage.

Einen besonderen Dank möchte ich an dieser Stelle unserem Illustrator Martin Armbruster aussprechen, der dieses Buch mit seinen Zeichnungen bereichert hat. Der Trend zum verstärkten Einsatz von Illustrationen und Comics lässt sich auch in vielen Projekten beobachten. Außerdem danke ich den Mitarbeiter/-innen von Springer für die professionelle Begleitung des Buches, insbesondere Joachim Coch (Planung), Judith Danziger (Projektmanagement) und Dr. Christiane Grosser (Lektorat).

Die Reise mit Storytelling in Unternehmen ist noch nicht zu Ende und ich bin neugierig auf die nächsten Stationen, bei denen bestimmt das Thema „Digital Storytelling" bzw. die Suche, Aufbereitung und Verbreitung von Geschichten mit Smartphones und Tablets eine Rolle spielen wird. Wir dürfen gespannt sein.

Karin Thier
Bad Bergzabern, Juni 2016

Vorwort zur 1. Auflage

Geschichten und modernes Management – passt das zusammen? Tatsächlich scheint diese Verbindung auf den ersten Blick etwas ungewöhnlich zu sein. Doch wer den Alltag von Unternehmen näher betrachtet, wird schnell feststellen, dass Geschichten immer ein fester Bestandteil von Unternehmen waren und sein werden. Geschichten haben eine ganze Anzahl von Funktionen inne, die kaum ein anderes Managementinstrument erfüllen kann. Man denke beispielsweise an die vielen faszinierenden Gründungsgeschichten, die auf Firmenfeiern immer wieder beschworen werden, an die hilfreichen Erzählungen von Kollegen in der Einarbeitungszeit über den Umgang mit bestimmten Vorgesetzten oder die lehrreiche Geschichte über das Team, als es ein wichtiges Projekt an einen anderen Wettbewerber verlor. Dass Geschichten neben all den Funktionen, die sie seit Menschengedenken in allen Bereichen des Lebens erfüllen, auch gezielt als Managementmethode eingesetzt und strategisch genutzt werden können, zeigt dieses Buch auf.

Es heißt ja, die besten Ideen würden oftmals ganz ungezwungen beim Mittagstisch oder in Kaffeeküchen entstehen. So ähnlich verhält es sich auch mit der Idee zu diesem Buch: Auf der Veranstaltung eines Bekannten lernte ich Dr. Svenja Wahl, Editorin beim Springer Verlag, kennen und erzählte ihr von meinen Arbeiten und Erfahrungen mit der neuen Managementmethode Storytelling. Das wäre doch ein interessantes Thema für einen Praxisband, diskutierten wir. Aus den Gesprächen entstand nach und nach das vorliegende Buch.

Der Grundstein wurde jedoch bereits viel früher gelegt. Im Jahr 2001 begann ich meine Doktorarbeit unter der Betreuung von Prof. Gabi Reinmann an der Universität Augsburg zu schreiben, das Thema lautete Die Entdeckung des Narrativen für Organisationen. Aus dieser Arbeit entstand mit der Zeit eine neue und effiziente Form einer Storytelling-Methode. Dies war unter anderem im Jahr 2003 wiederum ein Auslöser, das Beraternetzwerk NARRATA Consult zu gründen, das sich auf den Einsatz narrativer Methoden in Unternehmen spezialisiert. Mittlerweile haben meine Kolleginnen und ich zahlreiche Erfahrungen im Einsatz von Storytelling in unterschiedlichsten Unternehmen und Kontexten gewinnen können. All diese praktischen Erfahrungen und die zahlreichen Beispiele aus Firmen fließen in das vorliegende Buch ein. Auch wenn die Beispiele anonymisiert und teilweise in andere Branchen verlegt wurden, basieren sie doch immer auf einem realen Fall aus der Praxis.

Danken möchte ich meinem Mann Ralf Hofmann, der von Anfang an an Storytelling geglaubt hat und mich beständig ermutigte, und meinen beiden Kolleginnen von NARRATA Consult Christine Erlach und Andrea Neubauer für die vielen kreativen Gespräche und Diskussionen sowie dem gesamten NARRATA-Netzwerk.

Mein ganz besonderer Dank gilt Monika Hofmann, deren Engagement, Sorgfalt und Geduld beim Lektorat des Manuskriptes eine enorme Unterstützung war.

Über Leserpost, Anregungen, Wünsche, Kommentare freue ich mich unter karin.thier@narrata.de.

Karin, Thier
Heidelberg, im August 2005

Inhaltsverzeichnis

Portraits

Über die Autorin

Dr. Karin Thier ist Expertin für die Entwicklung und den Einsatz von Storytelling bzw. narrativem Management in Unternehmen. Seit 1998 ist sie als Beraterin, Trainerin und Coach tätig. Sie ist Geschäftsführerin von NARRATA Consult, einem Netzwerk, das sich auf die Anwendung narrativer Methoden vor allem bei Project-Debriefing, Leaving Experts, Kulturanalysen und Employer Branding spezialisiert hat. Ihr Ansatz richtet sich gezielt auf die Erhebung, Aufbereitung und Übertragung von schwer zugänglichem implizitem Know-how und Erfahrungswissens von Mitarbeitern und Projektteams. Sie ist Autorin zahlreicher Publikationen zum Thema.

karin.thier@narrata.de
► www.narrata.de

Über den Illustrator

Martin Armbruster wurde 1973 in Stuttgart geboren und studierte Kommunikationsdesign an der Staatlichen Akademie der Bildenden Künste Stuttgart und Animation an der Internationalen Filmschule Köln. Er lebt als Illustrator und Animator in Würzburg. Seine Arbeitsgebiete sind vielfältig. Eigene Geschichten sind beim Schweizer Verlag Drozophile, dem politischen Kultur-Magazin *Cicero*, im Bremer Comicmagazin *Panel* und in der Wochenzeitung *Der Freitag* als Kolumne „Hausmeister Rilke" erschienen. Zuletzt veröffentlichte er die Kinderbuch-App „Die Brille" über seine Firma Luftlinie Produktion UG in Koproduktion mit der Firma Gentle Troll Entertainment GmbH.

armbruster.martin@web.de
► www.herrarmbruster.de

Einleitung

© Springer-Verlag Berlin Heidelberg 2017
K. Thier, *Storytelling*,
DOI 10.1007/978-3-662-49206-2_1

Storytelling – die älteste Methode des Wissenstransfers. (© Armbruster)

> **»**   „Eine gute Geschichte ist oftmals die beste Art, Wissen zu
>   vermitteln." (Davenport u. Prusak, 1998)

Der Begriff „Storytelling" ist derzeit in aller Munde. Schenkt man der
Managementliteratur Glauben, so sind Geschichten ein heimlicher
Trend in den obersten Etagen vieler Konzerne. Nicht nur was PR und
Marketing betrifft, wo das Thema in den letzten Jahren ganz hoch im
Kurs steht (s. z. B. Sammer 2014; Herbst 2014; Serrano 2012; Simoudis
2004), auch in Unternehmensbereichen wie Wissensmanagement,
Unternehmenskultur und Projektmanagement, ist immer wieder von
Storytelling und der Macht der Geschichten die Rede. Für diese bislang
vorwiegend aus quantitativer, fachlicher und technischer Perspektive
betrachteten Themenbereiche erscheint Storytelling als ein Zaubermit-
tel für einen anderen, an menschlichen Erfahrungen und Empfindun-
gen orientierten Zugang.

Storytelling rückt den
Menschen in den Mittelpunkt
von Projekten und Prozessen

Die Notwendigkeit, sich verstärkt diesem Ansatz zuzuwenden, ist
vor allem im Scheitern vieler fach- und technikorientierter Projekte des
Wissensmanagements zu suchen, die den Menschen mit seinen Bedürfnissen und Gewohnheiten übersahen. Auch die fehlende Akzeptanz
zahlreicher Maßnahmen und Umstrukturierungen, die über die Köpfe
der Belegschaft hinweg die Unternehmenskultur veränderten, brachten
es auf den Punkt: Der wichtigste Erfolgsfaktor ist und bleibt der Mensch
bzw. der Mitarbeiter. Ihn gilt es zu erreichen, zu verstehen und letztlich
zu überzeugen, will man die Themen Wissensmanagement und Unternehmenskultur ernst nehmen.

Eine der ältesten Methoden der Menschheit, die dies zu leisten vermag, ist das Erzählen von Geschichten. Erzählungen sprechen die emotionale Seite in uns an. Mit ihnen können selbst komplexe Sachverhalte auf anschauliche, nachvollziehbare Weise vermittelt werden. Sie liefern uns Hintergründe und zeigen Protagonisten auf, mit denen wir uns identifizieren können. Dies ist auch der Grund, warum Geschichten nachhaltiger im Gedächtnis haften bleiben als nüchterne Fakten. Sie liefern Anknüpfungspunkte an unsere tägliche (Arbeits-)Welt. Kein Wunder also, dass man mit Geschichten besser und leichter Wissen weitergeben und für neue Ideen überzeugen kann. Und noch einen weiteren Pluspunkt können Geschichten verzeichnen: Sie machen Spaß! Es macht Freude, Geschichten zu erzählen, ihnen zuzuhören, sie zu lesen und sie an Kollegen weiterzugeben. Nicht umsonst sind Kaffeeküchen und Raucherecken in Unternehmen die beliebtesten Orte zum Wissensaustausch, denn dort wird über die neuesten Akquisitionserfolge des Projektleiters berichtet oder über das letzte Fettnäpfchen, in das der neue Marketingchef getreten ist. Zugegeben, dabei werden auch Gerüchte und Klatsch ausgetauscht. Aber wer genau hinhört, kann daneben viel über die Unternehmenskultur erfahren und wertvolle Informationen erhalten, die für die eigene Arbeit wichtig sind.

> Geschichten prägen sich besser im Gedächtnis ein als nüchterne Fakten

Der Spaßfaktor ist aber sicherlich nicht der Grund, warum Unternehmen sich neuerdings verstärkt dem Thema Storytelling zuwenden. Vielmehr erhoffen sie, mit dem gezielten Einsatz von Geschichten weitreichende Kosteneinsparungen und positive Effekte, die sich z. B. auf das Betriebsklima oder die Motivation der Mitarbeiter auswirken, zu erreichen. Besonders die Sicherung und Weitergabe des wertvollen impliziten **Erfahrungswissens** und Know-hows von Mitarbeitern und Teams mittels Geschichten weckt in diesem Zusammenhang immer stärker das Interesse des Managements.

> Mit Geschichten wird wertvolles Erfahrungswissen von Experten weitergegeben

Ein wichtiges Stichwort ist hier auch „Leaving Experts". Scheiden langjährige Mitarbeiter aus dem Unternehmen aus, so geht mit ihnen oft auch ihr spezielles Fach- und Erfahrungswissen verloren (s. z. B. Erlach et al. 2013). Ebenso verhält es sich mit den Erfahrungen von Teams, die z. B. ein besonders gut gelaufenes Projekt gemeistert bzw. eines, das schlecht gelaufen ist, zu verantworten haben. Die Tipps und Tricks, welche die Beteiligten für zukünftige Projekte sammeln konnten, verbleiben meist beim Einzelnen. So kommt es in Unternehmen häufig zu unnötigen, ärgerlichen und vor allem kostenintensiven Wiederholungsfehlern.

Eine Möglichkeit, diese Erfahrungen, Tipps und Tricks von Mitarbeitern und Teams zu erfassen, aufzubereiten und weiterzugeben, ist es, Geschichten zu erzählen.

Doch leider gibt es trotz des propagierten Trends zu Geschichten und der oben aufgezeigten Möglichkeiten, die die strategische Nutzung von Geschichten bietet, bislang nur wenige anerkannte „narrative" Managementmethoden. Die Skepsis gegenüber Geschichten als Managementinstrument ist nach wie vor recht hoch. Es scheint fast so, als seien Geschichten für die heutige rationale und auf Fakten

> Die Skepsis gegenüber Geschichten im Management muss oft erst überwunden werden

basierende Arbeitswelt noch zu gefühlsbetont, um sie in einem Unternehmen einzusetzen.

Langsam lässt sich jedoch eine deutliche Trendwende erkennen. Allen voran in den USA nutzen mittlerweile so gut wie alle namhafte Unternehmen, wie z. B. IBM, Ford, Shell, Coca Cola, Weltbank, Federal Express oder 3 M Geschichten, um neue Firmenphilosophien zu verbreiten, zu Marketingzwecken oder zur gezielten Erhebung und Verbreitung von schwer zugänglichem Wissen. Auch im deutschsprachigen Raum gibt es mittlerweile zahlreiche Unternehmen (wie z. B. Beiersdorf, SAP, Deutsche Post, Bosch, Eckes-Granini, T-Mobile, KSB, Heidelberger Druckmaschinen, Deutsche Telekom), die Storytelling und narrative Methoden einsetzen.

In den USA ist für viele Unternehmen der Einsatz von Geschichten bereits selbstverständlich

Eine Frage, die sich an Geschichten interessierte Manager, Personalverantwortliche und Projektleiter heute stellen, lautet: Wie funktioniert eigentlich **strategisches Storytelling** und was genau bringt es meinem Unternehmen? Auf diese Frage geben die sich häufenden Artikel und Fachbeiträge bislang selten eine befriedigende Antwort.

In diesem Buch wird das Phänomen strategisches Storytelling näher beleuchtet und eine Methode vorgestellt, mit der es möglich ist, schwer zugängliches Wissen von Mitarbeitern und Projektteams in Form von Geschichten aufzubereiten. Um dies zu erreichen, werden im Rahmen dieser Methode individuelle Erfahrungen und Erkenntnisse von den beteiligten Personen erfasst und zu einer gemeinsamen Geschichte verwoben. Diese „Erfahrungsgeschichte", ein Dokument, das zwischen 20 und 50 Seiten lang ist, sich spannend liest, aber gleichzeitig alle wichtigen Lehren, Tipps und Tricks beinhaltet, wird anschließend im Unternehmen diskutiert und verbreitet. So entsteht ein tiefes Verständnis für Ereignisse, und damit ist es möglich, gemachte Erfahrungen auf zukünftige Handlungen und Prozesse zu übertragen.

Dieses Buch stellt eine erfolgreiche Methode vor, die mit Geschichten arbeitet

Die Ursprungsform der vorgestellten Storytelling-Methode (im englischen Original „learning histories") wurde am Center for Organizational Learning des Massachusetts Institute of Technology (MIT), Cambridge, USA, von einer Gruppe von Forschern, Journalisten und Managern großer Unternehmen (z. B. Federal Express, Shell, Philips, Hewlett Packard) entwickelt. Ihr Ziel war es, einen Weg zu finden, wie kollektive Lernprozesse von Beteiligten beispielsweise aus prägnanten Projekten oder Veränderungsprozessen erhoben, dokumentiert und damit unternehmensweit nutzbar gemacht werden können (Kleiner u. Roth 1996). Ihre „Storytelling-Methode" stellt mittlerweile eine der wissenschaftlich fundiertesten narrativen Methoden dar und wurde in zahlreichen Praxiseinsätzen in unterschiedlichsten Kontexten bereits erfolgreich eingesetzt.

Hier eine Auswahl von Praxiserfahrungen aus dem deutschsprachigen Raum:

Auch im deutschsprachigen Raum wird Storytelling seit Längerem eingesetzt

- **MTU Aero Engines, München:** Projektreflexion mittels Storytelling zur Sicherung von Erfahrungswissen nach dem Bau einer Hochtechnologiehalle, Aufbereitung der Erfahrungen in einer Comic-Geschichte und Verbreitung durch Workshops.

- **T-Mobile International:** Storytelling als Methode des Projekt-Debriefings. Als Pilotprojekt diente ein Projekt, in dem es um die Entwicklung und den Einsatz einer Software für den Human-Resources-Bereich ging. Anschließend Einsatz einer explizit auf die speziellen Bedürfnisse von T-Mobile zugeschnittenen modifizierten Storytelling-Methode als Standard-Debriefing im Unternehmen.
- **Deutsche Post World Net:** Einsatz der Wissensmanagementmethode Storytelling für das Projekt-Debriefing und die Erfassung von Lessons Learned beim „STAR-Programm" zur Wertsteigerung des Konzerns.
- **Voestalpine Stahl:** Die Storytelling-Methode wurde eingesetzt, um die Erfahrungen vom Bau der Feuerverzinkungsanlage 1 auf das Projektteam für den Bau der geplanten Feuerverzinkungsanlage 2 zu übertragen. Ziel war die Erfassung und Weitergabe kulturellen Wissens und konkreter Projekterfahrungen.
- **Eckes-Granini Group:** Untersuchung der Unternehmenskultur in elf europäischen Ländern mittels Storytelling. Gesucht wurden gemeinsame Werte, Einstellungen und Wahrnehmungen der Mitarbeiter zur Entwicklung eines authentischen Employer Brandings.
- **Global Tech I Offshore Wind GmbH:** Erfassung und Dokumentation von Erfahrungs- und Fachwissen von unterschiedlichen Experten bei der Entwicklung des ersten deutschen kommerziellen Off-Shore-Windparks.

Die Storytelling-Methode, die in oben genannten Unternehmen eingesetzt wurde, und die in diesem Buch beschrieben wird, löst sich in einigen entscheidenden Elementen und Vorgehensweisen vom Original aus den USA, denn in ihrer Ursprungsform ist die Methode äußerst zeit- bzw. ressourcenintensiv und wenig praxisgerecht dokumentiert.

Aus diesem Grund wurde in verschiedenen Forschungsprojekten an der Universität Augsburg (im Bereich Medienpädagogik, in Zusammenarbeit mit Prof. Dr. Gabi Reinmann) und in Kooperation mit Unternehmen eine modifizierte und effizientere Variante dieser Methode entwickelt, getestet und evaluiert. Ziel war, die Methode so weiterzuentwickeln, dass sie in einem für Unternehmen angemessenen Zeit- und Ressourceneinsatz durchgeführt werden kann. Darüber hinaus wurden die einzelnen Phasen und Abläufe der Methode so praxisnah wie möglich gestaltet und beschrieben (s. z. B. Thier 2004, Reinmann-Rothmeier et al. 2003). Das Beraternetzwerk NARRATA Consult setzt diese modifizierte Storytelling-Variante seit 2001 in unterschiedlichsten Branchen und Unternehmenskontexten ein.

Dieses Praxisbuch richtet sich an alle interessierten Manager, Personalverantwortlichen, Projektleiter, Berater und Forscher, die eine konkrete Storytelling-Methode kennen lernen wollen und sich eingehender mit ihren Einsatz- und Anwendungsmöglichkeiten beschäftigen möchten.

Die Methode eignet sich sowohl für einmalige als auch für regelmäßige Einsätze in Unternehmen

Bisherige Erfahrungen zeigen, dass sich die Methode sowohl für regelmäßige Einsätze im Rahmen von Wissensmanagement und Unternehmenskultur eignet und hier z. B. eine sehr gute Erweiterung bzw. Ergänzung für fach- und technikorientierte Instrumente bietet als auch ein exzellentes Werkzeug darstellt, wenn es darum geht, einmalige, strategisch wichtige Ereignisse und Projekte (wie z. B. Fusionen, „Cultural-Change"-Projekte, Outsourcing, Geschäftsfelderweiterungen, Markteinführung neuer Produkte) zu begleiten, die dort gemachten Erfolgsfaktoren bzw. Problembereiche zu erschließen und für die Zukunft nutzbar zu machen.

Storytelling ist dann die richtige Methode, wenn Organisationen in folgenden Bereichen neue Wege gehen möchten:

- Projektdokumentation über das Fachwissen hinaus,
- Erkennen und Sichern von Erfolgsfaktoren,
- erfolgreiche Durchführung von Kultur- und Strukturveränderungen,
- Sicherung des Wissens bzw. der Erfahrungen von „Leaving Experts",
- Kostensenkung für Arbeitsprozesse in Teams,
- schnellere Einarbeitung neuer Mitarbeiter,
- Diagnose und Behebung von Prozessschwächen.

Besonders geeignet ist der Einsatz in projektgetriebenen Unternehmen und in Branchen mit häufig zu verbessernden Prozessabläufen

Generell ist Storytelling in allen Unternehmen und Branchen einsetzbar. Von besonderem Interesse ist die Methode jedoch für stark projektgetriebene Unternehmen, z. B. der IT-und Beratungsbranche, für Unternehmen, bei denen die reibungslose und rasche Einführung neuer Produkte, Dienstleistungen und Geschäftsfelder erfolgskritisch ist (wie z. B. Automobil- und Gerätehersteller) und für Branchen, bei denen Prozesse kontinuierlich verbessert werden müssen, um erfolgreich am Markt agieren zu können (z. B. Anlagenbauer, Call-Center, Facility-Manager). Übrigens wurde die Methode bislang nicht nur in großen Konzernen eingesetzt, sondern auch in innovativen Klein- und mittelständischen Unternehmen.

Storytelling hält Unternehmen einen Spiegel vor: Daher sind Offenheit und Mut unbedingte Voraussetzungen für den Einsatz der Methode

Eines sei an dieser Stelle bereits vorweggenommen: Unternehmen, die Storytelling betreiben möchten, sollten über eine möglichst offene Unternehmenskultur verfügen oder zumindest bereit sein, in den Spiegel zu blicken, der sich mit der Erfahrungsgeschichte auftut. Denn neben spezifischen Tipps und Tricks, die gesammelt werden, legen die Geschichten auch die Unternehmenskultur offen, so wie sie von den Befragten, also in der Regel den eigenen Mitarbeitern, wahrgenommen wird. Diese „Realität" kann für Unternehmen mitunter auch unerwünschte Themen offenlegen. Will man aber wirklich nachhaltige Veränderungen einleiten und sich zu einer lernenden Organisation entwickeln, ist es unumgänglich, sich mit der Realität auseinanderzusetzen.

Wer sich auf die Storytelling-Methode einlässt, wird also nicht nur Altbekanntes, das schon immer unter der Oberfläche brodelte, erfahren, sondern auch einige Überraschungen erleben. So mancher Aha-Effekt wird sich beim Lesen der Erfahrungsgeschichte einstellen.

Geschichten und Erzählungen in Unternehmen

© Springer-Verlag Berlin Heidelberg 2017
K. Thier, *Storytelling,*
DOI 10.1007/978-3-662-49206-2_2

Geschichten = Ausgangslage – Ereignis – Konsequenz. (© Armbruster)

Bevor die Storytelling-Methode zur Erstellung von Erfahrungsgeschichten genauer vorgestellt wird, noch ein paar wichtige Grundlagen zu Geschichten und Erzählungen in Unternehmen im Allgemeinen.

2.1   Kennzeichen organisationaler Geschichten

Von Geburt an kommen wir mit Geschichten und Erzählungen in Berührung. Geschichten sind eine der ältesten menschlichen Methoden überhaupt. Unser Bild der Welt, unserer Vergangenheit sowie der

Zukunft und von unseren Beziehungen untereinander ist geprägt durch Geschichten. Um es mit den Worten des Philosophen und Sprachwissenschaftlers Eco (1983, S. 13) zu sagen: „ … der Mensch ist von Natur aus ein Geschichten erzählendes Wesen".

Geschichten sind eine der ältesten menschlichen Methoden überhaupt

In allen Epochen und Kulturen waren und sind es Geschichten, die der Welt Bedeutung gaben, Bindung zwischen Menschen erzeugten und Ordnung in Gesellschaften brachten. Und wie in allen Bereichen des Lebens, so sind auch Menschen in Organisationen und Unternehmen „natural born storytellers" (Boje 1994). Mitarbeiter erzählen sich z. B. Geschichten über erfolgreiche Projekte, über dramatische Fehlschläge oder über die unrealisierbaren Ideen des neuen Bereichsleiters.

Was aber ist eigentlich genau eine (organisationale) Geschichte? Im Grunde spricht man immer dann von einer Geschichte, wenn folgende drei Merkmale gegeben sind:

Eine Geschichte besteht aus folgenden Teilen: Ausgangslage, Ereignis, Konsequenz

- eine Ausgangslage,
- ein Ereignis,
- eine Konsequenz.

Ein Ereignis alleine macht also noch keine Geschichte aus. Erst durch eine logische Handlungsfolge (Ausgangslage → Konsequenz) wird aus einem Ereignis ein bedeutungsvolles Ganzes und man spricht von einer Geschichte. Wichtig ist also eine chronologisch sinnvolle Reihenfolge von Ereignissen (Czariniawska 1998). Damit sind die Fragen nach dem „Wie" und dem „Was" in einer Geschichte beantwortet.

Nicht vollständig sind Geschichten jedoch ohne Charaktere und Handlungen. Die Charaktere geben uns Auskunft über das „Wer" und die Handlung gibt Aufschluss über das „Warum" (Mitroff 1983).

Geschichten beantworten die Fragen nach dem „Wie", „Was", „Wer" und „Warum"

Im Alltag von Unternehmen werden aber nur selten vollständige Geschichten erzählt, sondern oftmals lediglich kleine, für den Zuhörer aber noch verständliche und nachvollziehbare Teile einer ganzen Geschichte. Oft genügt ein Hinweis, wie: „Erinnerst du dich, was unser Boss dazu gesagt hat?", um die dahinter liegende Geschichte beim Zuhörer zu aktivieren (vgl. Boje 1991).

Unterschieden werden muss aber auch zwischen Geschichten, die zur Unterhaltung bzw. die ohne einen bestimmten Zweck zu verfolgen in Unternehmen erzählt werden (z. B. bei Betriebsfeiern und in Teeküchen), und Geschichten, die strategisch vom Management erzählt und eingesetzt werden, um z. B. von einer Idee zu überzeugen oder Veränderungsprozesse zu unterstützen. Wissenschaftler unterscheiden generell zwischen drei Gründen, warum Menschen überhaupt Geschichten erzählen (vgl. Schank 1990):

Neben der reinen Unterhaltung werden Geschichten auch mit strategischen Hintergedanken erzählt

1. „Me-Goals": Mit der erzählten Geschichte soll ein persönliches Ziel erreicht werden (z. B. Aufmerksamkeit erregen, Bestätigung bekommen).
2. „Your-Goals": Mit der erzählten Geschichte soll ein bestimmter Effekt beim Zuhörer erzielt werden (z. B. Informationen übertragen, jemanden in eine andere Richtung lenken).

3. „Conversational Goals": Mit der erzählten Geschichte soll die Konversation beeinflusst werden. Hier geht es darum, mit Hilfe der Geschichte eine Konversation hinsichtlich eines bestimmten Themas zu eröffnen, in Gang zu halten oder das Thema mittels einer neuen Geschichte zu ändern.

2.2   Geschichtentypen in Unternehmen

Organisationale Geschichten ranken sich fast immer um ähnliche Inhalte

Aber worum geht es eigentlich, wenn Geschichten in Unternehmen erzählt werden? Gibt es so etwas wie immer wiederkehrende Themen, welche die Manager und Mitarbeiter von Unternehmen beschäftigen? Joanne Martin (Martin et al. 1983), die in den 80er- und 90er-Jahren organisationale Geschichten in den USA sammelte, stellte fest, dass sich diese fast ausnahmslos um folgende Inhaltsmuster und Fragestellungen rankten:

■■ **Geschichten zu Statusunterschieden**

▬ **Was ist zu tun, wenn eine Person der oberen Ebene einen Regelverstoß begeht?** Bei diesen Geschichten spielen immer ein Mitarbeiter der obersten Ebene und ein Mitarbeiter einer unteren Ebene mit, wobei der Mitarbeiter der obersten Ebene einen Regelverstoß begeht, der von dem Mitarbeiter der unteren Ebene entdeckt und geahndet wird. Zentral ist hier die Reaktion des Statushöheren, z. B. wenn er einem Mitarbeiter kündigt, obwohl ihn dieser zu Recht auf das Tragen eines Schutzhelmes hingewiesen hat.

▬ **Kann sich unser Boss auch mal menschlich zeigen?** Die zentrale Rolle bei diesem Geschichtentyp spielt eine hochrangige Persönlichkeit einer Organisation. Anhand eines Ereignisses oder einer Verhaltensweise wird aufgezeigt, ob sich die Person in bestimmten Situationen human verhält oder nicht, z. B. wenn der Geschäftsführer eines Unternehmens in Engpässen selbst Reparaturen durchführt.

▬ **Kann ein einfacher Mitarbeiter eine Führungsposition erhalten?** Hier geht es um die Möglichkeiten und Aufstiegschancen, die Mitarbeiter in einem Unternehmen auch bei eher schlechten Ausgangspositionen haben. Im Mittelpunkt steht dabei ein statusniederer Mitarbeiter, der es schafft (oder auch nicht), eine hohe Position zu erlangen.

■■ **Geschichten über bestehende Unsicherheit bzw. Sicherheit**

▬ **Werde ich schnell gefeuert?** In diesem Geschichtentyp wird beschrieben, wie mit Entlassungen von Mitarbeitern umgegangen wird, und wie sehr sich das Unternehmen bemüht, dem entgegenzuwirken.

▬ **Wie reagiert der Boss auf Fehler?** Zwei Charaktere sind hier zentral: ein Mitarbeiter, der einen schwerwiegenden Fehler begeht, und ein Vorgesetzter. An der Reaktion des Vorgesetzten kann der Zuhörer ablesen, wie in der Organisation Fehler geahndet werden, z. B. ob sich der Vorgesetzte vor einem Kunden hinter seinen Mitarbeiter stellen wird.

■■ **Geschichten über den Grad der vorhandenen Kontrolle**

— **Wie wird im Unternehmen mit Problemen oder Hindernissen umgegangen?** Dieser Geschichtentyp lässt sich am häufigsten finden und es gibt viele Varianten davon. Es kann sich hierbei um den Umgang des Unternehmens mit externen Problemen (z. B. ein Feuer in der Werkhalle), mit technischen Problemen (z. B. ein Maschinenausfall) oder mit durch Mitarbeiter verursachten Problemen (z. B. eine Fehlentscheidung des Managements) handeln. Die Hauptakteure in diesen Geschichten sind immer die Mitarbeiter.

Neben den bestimmten Inhaltsmustern lassen sich organisationale Geschichten aber auch hinsichtlich zentraler Ereignisse einteilen, durch die Vergangenheit, Gegenwart und Zukunft eines Unternehmens erfahrbar werden. Diese Geschichten über zentrale Ereignisse lassen sich ebenfalls in verschiedene Typen einteilen (Bonsen 2000, S. 87f.):

Neben verschiedenen Inhaltsmustern lassen sich Geschichten nach der Beschreibung zentraler Ereignisse einteilen

— **„Schöpfungsgeschichten"**: Dies sind Geschichten, die sich um die Gründung bzw. um Gründungsväter und -mütter ranken und viel über die Richtung, die Werte und Glaubenssätze des Unternehmens aussagen.

Beispiel

Beispiel einer „Schöpfungsgeschichte", erzählt von Marion Gräfin Dönhoff (ehem. Herausgeberin der *ZEIT*): „Am 21. Februar 1946 erschien die erste Ausgabe der ZEIT unter der ‚Zulassung Nr. 6' der britischen Militärregierung. Acht Seiten stark, in einer Auflage von 25.000 Exemplaren, für eine höhere Auflage reichte das rationierte Papier nicht. Jeder Artikel, der in der ungeheizten Redaktionsstube beim Schein selbst gebastelter Petroleumlampen geschrieben wurde, musste vor dem Druck von dem britischen Presseoffizier genehmigt werden, der häufig Artikel beanstandete. Der erste Artikel, den ich schrieb, wurde verworfen, weil ich es gewagt hatte, über ein zum Tabu erklärtes Thema zu schreiben. DIE ZEIT war damals die einzige Zeitung, die sowohl die alten Nazis wie auch die alliierten Machthaber gleichermaßen kritisierte. Heute erscheint DIE ZEIT in einer Auflage von fast einer halben Million und aus einem Dutzend Redakteuren wurde eine Hundertschaft ... " (zit. nach Bonsen 2000).

— **„Saure" Geschichten**: Darunter werden Geschichten über Misserfolge und Niederlagen verstanden. Solche Geschichten enthalten zwar fast immer eine Moral und können dazu ansporen, aus den gemachten Fehlern zu lernen, sie bergen aber auch die Gefahr, zu demoralisieren und die Atmosphäre zu vergiften.

Ein **Beispiel für eine „saure" Geschichte** im Unternehmen Siemens: „In den 1970er-Jahren hatten wir als erste das Fax-Gerät erfunden. Doch wir haben es nie gebaut. Wir hatten schließlich weltweit mehr als 90% Marktanteil bei Telex-Geräten und wollten unsere Investitionen schützen. Und dann kamen die Japaner und zeigten uns, was sich damit verdienen lässt" (zit. nach Bonsen 2000, S. 87).

- **„Wiederauferstehungsgeschichten":** Gemeint sind Geschichten über eine überwundene Krise, wie z. B. einen Beinahe-Bankrott.
- **„Transformationsgeschichten":** Das sind Geschichten, z. B. über Fusionen oder Änderungen der Organisationsstruktur.
- **„Inspirierende" Geschichten:** Hierunter fallen Geschichten über Verhaltensweisen, Geschichten mit gutem Ausgang (z. B. Akquisitionserfolg), die dazu anregen, das Erzählte zu übernehmen.

Denken Sie doch mal kurz an die letzte Geschichte, Anekdote oder Fallgeschichte, die Ihnen in Ihrem Unternehmen zu Ohren gekommen ist. Welche Inhaltsmuster weist sie auf und welche zentralen Ereignisse stehen im Mittelpunkt? Sie werden feststellen, dass diese Geschichten eine Menge über Ihr Unternehmen und die aktuelle Situation, in der es sich befindet, aussagen.

Geschichten mit negativem Akzent können leicht zur Demoralisierung von Mitarbeitern führen

Übrigens lässt sich feststellen, dass die meisten Geschichten, die in Unternehmen kursieren, einen negativen Akzent haben! Geraten sie außer Kontrolle und verselbstständigt sich ihre Verbreitung, können sie schnell großen Schaden anrichten und zur Demoralisierung und Demotivierung des Mitarbeiterstabs führen. Ein Grund, warum Top-Manager, wie z. B. Stephen Denning von der Weltbank oder Dave Snowden und Peter Schütt von IBM, für einen vorsichtigeren und strategiebewussten Umgang mit Geschichten plädieren. In diesem Zusammenhang wird auch gern von der „Macht der Geschichten" gesprochen. Geschichten sind deshalb ein so machtvolles Instrument, weil sie eingebettet sind in uns vertraute oder nachvollziehbare Kontexte. Damit werden sie als viel wirklicher und realitätsnäher empfunden als nüchterne Berichte oder Statistiken. Hier ein Beispiel für die Macht der Geschichten:

Die Ökonomen Pennington und Hastie (1992) untersuchten im Rahmen einer Studie die Rolle von Geschichten bei der Findung richterlicher Entscheidungen. Sie stellten fest, dass Richter jeweils die Seite bevorzugten, bei der die Aussage in Form einer Geschichte vorgetragen wurde.

Betrachtet man das Thema Geschichten in Unternehmen unter dem Gesichtspunkt des Marketings und der Markenbildung, so lassen sich noch weitere Geschichtstypen hinzufügen (Sammer 2014); z. B.:

- **Unternehmens- und Markenporträts**. Dazu gehören Unternehmensleitbilder, Vision, Mission, in denen Geschichten rund um die Corporate Identity eines Unternehmens und einer Marke beschrieben sind. Sie sollen ein Unternehmen, eine Marke spannend erzählen und eine Identifikation mit dieser bei Mitarbeitern und Kunden auslösen.
- **Kunden- und Produktstories**. In diesen Stories ist der Kunde oder ein Produkt Held der Geschichte. Meist handelt es sich dabei um Erfolgsgeschichten, die exemplarisch die erfolgreiche Anwendung eines Produktes oder einer Dienstleistung zeigen.

Bei diesen Geschichtstypen handelt es sich meist um unter Mithilfe von Agenturen erstellte und bearbeitete Geschichten. Aber auch bei dieser Art von Unternehmensgeschichten spielt Authentizität und Nähe zu den im Unternehmen tatsächlich zu erlebenden Themenbereichen eine immer größere Rolle.

2.3 Macht der Geschichten: Was Geschichten in Unternehmen bewirken

Um besser verstehen zu können, auf welchen Ebenen und in welchen Bereichen Geschichten in Unternehmen wirken, erfolgt an dieser Stelle ein Exkurs in die bisherige Auseinandersetzung mit organisationalen Geschichten in Wissenschaft und Praxis.

Bislang liegt nur eine recht kleine Anzahl von Untersuchungen über die Bedeutung von Geschichten in Organisationen vor. Diese stammen meist aus den USA und lassen sich vorwiegend den Organisationswissenschaften („business studies") bzw. der Managementforschung („management studies", z. B. Boje 1991) und der Organisationspsychologie (z. B. Weick 1995) zuordnen. Im Mittelpunkt bisheriger wissenschaftlicher Untersuchungen standen dabei die Fragen, inwieweit Geschichten Mitarbeiter beeinflussen können und ob und wie sich über Geschichten Inhalte und Wissen vermitteln lassen.

Bisherige Untersuchungen beschäftigen sich vorwiegend mit der Möglichkeit von Geschichten, Wissen zu übertragen

Daneben haben sich in jüngster Zeit aber auch eine Reihe von Praktikern, Unternehmensberatern und Managern mit Geschichten in und für Organisationen beschäftigt. Ihr Interesse gilt der strategischen Nutzung von Geschichten und der Entwicklung von narrativen Methoden, um vor allem Veränderungsprozesse und die Weitergabe und Sicherung von Wissen zu unterstützen (Erlach u. Thier 2004).

Im Folgenden wird eine Auswahl an Rollen und Funktionen, die Geschichten in Unternehmen einnehmen, dargestellt:

■■ Erhalten des Gründungsmythos eines Unternehmens

Eine bewusste Erinnerungskultur kann ein Unternehmen und seine Mitarbeiter auf vielerlei Art und Weise stärken. Das gemeinsame Beschwören der Historie und des Gründungsmythos stiftet Stolz und Sinnhaftigkeit für die Mitglieder und bildet eine gemeinschaftliche, unverwechselbare Basis. Gerade weil Unternehmen sich heutzutage in einem ständigen Wandel befinden, bietet die Besinnung auf Ereignisse der Gründungsjahre eine gemeinschaftliche Konstante, die viel über die eingeschlagene Richtung, die Werte und Glaubenssätze eines Unternehmens aussagt (vgl. Bonsen 2000). So bietet sich das Besinnen auf den Gründungsmythos besonders zu Feierlichkeiten und Firmenjubiläen an, bei denen Mitarbeiter und Management zusammenkommen (s. z. B. das Video „125 Jahre Feier von Carl-Zeiss-Stiftung"; https://www.youtube.com/watch?v=rvOXFTOI4vQ).

■■ Kreieren und Beschreiben des sozialen Konstrukts in Unternehmen

Geschichten als Landkarte des sozialen Lebens

Bereits in den 1980er Jahren betonte der Organisationsforscher Wilkins (1984) die Bedeutung von Geschichten für den sozialen Zusammenhalt in Organisationen. Er fand heraus, dass in Organisationen, in denen die Mitarbeiter eng an ihr Unternehmen gebunden waren, auch deutlich mehr Geschichten erzählt wurden. In diesem Zusammenhang stellte er außerdem fest, dass Geschichten in Unternehmen auch dazu genutzt werden, das soziale Gedächtnis am Leben zu halten (Boje 1994). Darüber hinaus fanden sich Aussagen, dass durch Geschichten Werte und Einstellungen in Organisationen nicht nur übermittelt, sondern sogar kreiert werden können und Geschichten daher eine effektive Methode sind, um kollektive Bedeutungen unter Mitarbeitern zu konstruieren. Geschichten sind also eine Art Landkarte des sozialen Lebens in Unternehmen. Dabei vermitteln sie auf einfache und nachvollziehbare Weise, wie zwischenmenschliche Dinge innerhalb der Organisation gehandhabt werden.

■■ Bewahrung und Übermittlung der Unternehmenskultur

Aufzeigen der „wahren" Kultur eines Unternehmens

Geschichten und Anekdoten sind auch ein gutes Mittel, um die inoffizielle Kultur von Unternehmen aufzudecken, die sich oft unabhängig von der erwünschten offiziellen Unternehmenskultur, wie sie in Leitbildern und Broschüren propagiert wird, entwickelt. Geschichten und Anekdoten zeigen dagegen schonungslos die Wirklichkeit bzw. die Realität auf, wie sie von den Erzählern und Protagonisten empfunden wird. Aber mittels Geschichten kann nicht nur die unausgesprochene Kultur aufgezeigt werden, sie können auch Richtlinien für das Treffen wichtiger Entscheidungen darstellen, indem sie z. B.l erfolgreiches Vorgehen aus der Vergangenheit erzählen (Wilkins 1983). Darüber hinaus stellen Geschichten eine wichtige Orientierungshilfe für neue Mitarbeiter dar

(Orr 1996). Denn Geschichten aus der Vergangenheit bringen die Gegenwart für neue Mitarbeiter in einen verständlichen Kontext und geben eine Orientierungsgrundlage für die Zukunft (Nymark 2000).

▪▪ Einleitung und Unterstützung von „Change"-Prozessen

Das Erzählen von Geschichten und Veränderungsprozesse in Unternehmen sind eng miteinander verflochten, denn Veränderungen sind der Stoff, aus dem Geschichten gewoben werden. Treten plötzlich vermehrt Geschichten im Unternehmen auf, so ist dies ein sicheres Zeichen dafür, dass ein Veränderungsprozess stattfindet bzw. kurz bevorsteht (Boje 1991).

Mit Geschichten lassen sich aber auch Veränderungsprozesse in Organisationen gezielt steuern und beeinflussen. Sie stellen dabei ein strategisch einsetzbares Instrument dar. Geschichten ermöglichen es Mitarbeitern, sich und ihre Organisation in einem neuen Licht zu sehen. Durch die neuen Perspektiven, die auf diese Weise entstehen, kann die Einstellung von Mitarbeitern entscheidend (positiv) verändert werden (Denning 2001).

> Treten Geschichten vermehrt auf, ist das ein deutliches Zeichen für anstehende Veränderungen

▪▪ Vermittlung und Speicherung von Wissen

Eine der wichtigsten Funktionen von Geschichten, vor allem auch im Kontext ihrer gezielten methodischen Nutzung, ist sicher die Möglichkeit, Wissen zu speichern und vermitteln zu können. Mitarbeiter erzählen sich auch im Alltagsleben Geschichten, daher werden diese als eine natürliche Form akzeptiert, Wissen weiterzugeben. Besonders in Weiterbildungen und Trainings sind Geschichten daher von großem Nutzen und werden dort auch immer häufiger bewusst eingesetzt. Forschungsarbeiten bestätigen, dass mittels Geschichten die Aufmerksamkeit und die Lernbereitschaft erhöht werden können (Vance 1987).

Geschichten werden zunehmend auch als wertvolle Ergänzung zu den gängigen Wissensmanagementmethoden in Organisationen begriffen (Reinmann-Rothmeier u. Vohle 2001). Im Mittelpunkt steht dabei der Ansatz, mittels Geschichten das schwer zugängliche implizite Wissen zugänglich zu machen, das herkömmlichen Wissensmanagementinstrumenten meist verloren geht. Mit dem Einsatz narrativer Methoden erhofft man nun, auch dieses Wissen handhaben zu können.

> Eine natürliche Form der Weitergabe von (verborgenem) Wissen

▪▪ Überzeugende Unternehmens- und Markenkommunikation

Storytelling ist mittlerweile als eine der erfolgversprechendsten Techniken moderner Unternehmenskommunikation anzusehen (Sammer 2014). Besonders die vielfältigen Möglichkeiten der digitalen Medien eröffnen Unternehmen zahlreiche Kanäle, um sich als Marke zu positionieren. Um nicht in der Flut an Informationen, die Kunden heute umgeben, unterzugehen, müssen sich Unternehmen immer mehr abgrenzen und Alleinstellungsmerkmale herausarbeiten. Das Erzeugen von Emotionen steht immer mehr im Fokus und gerade Geschichten sind dafür prädestiniert emotionale Highlights hervorzurufen. So sind es immer weniger Fakten über Produkte oder Dienstleistungen,

> Emotionen stehen immer mehr im Fokus der Unternehmenskommunikation

die Kunden zum Kauf überzeugen sollen, sondern beispielhafte Geschichten mit Protagonisten die eine Identifikationsfläche bieten und bestimmten Vorzüge demonstrieren.

> **Zusammengefasst: Was können Geschichten in Unternehmen bewirken?**
> **Geschichten in Unternehmen**
> - erhalten den Gründungsmythos,
> - verstärken die Bindung zu einem Unternehmen,
> - fungieren als soziale Landkarte und Orientierungshilfe für neue Mitarbeiter,
> - eignen sich für die Kommunikation von Zwischenmenschlichem,
> - zeigen den sozialen Stand von Personen auf bzw. festigen und erhöhen diesen,
> - stiften Sinn und Bedeutung für Ereignisse,
> - dienen der Interpretation von Vergangenem und der Beschreibung der Zukunft,
> - zeigen die „inoffizielle" Unternehmenskultur auf,
> - Geben Richtlinien und Entscheidungshilfen für kritische Situationen,
> - zeigen Wandlungsprozesse an und unterstützen sie,
> - überzeugen Mitarbeiter und Kunden von neuen Ideen,
> - können das schwer zugängliche (Erfahrungs-)Wissen von Mitarbeitern und Teams weitergeben und speichern,
> - unterstützen und ergänzen die Unternehmens- und Markenkommunikation durch emotionale Inhalte.

Die aufgezählten unterschiedlichen Rollen und Funktionen demonstrieren, dass Geschichten bereits eine Vielzahl von bewussten oder unbewussten Funktionen in Unternehmen einnehmen bzw. einnehmen könnten und dass in ihrem gezielten Einsatz ein enormes und vielschichtiges Potenzial für Unternehmen schlummert.

Die Methode „Storytelling"

© Springer-Verlag Berlin Heidelberg 2017
K. Thier, *Storytelling,*
DOI 10.1007/978-3-662-49206-2_3

Zeit und Wertschätzung für den Wissensträger im Interview. (© Armbruster)

3.1 Grundhaltung im narrativen Management

Narratives Management ist eine Grundhaltung und Philosophie, die den Mitarbeiter als Wissensträger wertschätzt und kommunikative Prozesse in den Vordergrund stellt. Eingesetzt werden dabei narrative Methoden, wie fiktive Geschichten, Metaphern, Comics und vor allem Erzählungen von Mitarbeitern.

Narratives Management erfordert ein Umdenken im Unternehmen

Der Einsatz der unten vorgestellten Storytelling-Methode setzt daher eine etwas andere Sichtweise im Management voraus. Eine, die geprägt ist von einer wertschätzenden Grundhaltung gegenüber dem Mitarbeiter, dem als Wissensträger von unternehmensrelevantem Wissen eine zentrale Bedeutung zukommt. Wer mit narrativen Methoden wie Storytelling arbeitet, muss eine konstruktivistische Sicht auf die Welt einnehmen, eine, die Platz für viele Wahrheiten lässt (Thier u. Erlach 2013):

- **Multiperspektivität statt Eindimensionalität:** Jede Person nimmt ihre Umwelt entsprechend persönlicher Einstellungen und aufgrund des eigenen Vorwissens ganz individuell wahr. Im narrativen Management wird die Subjektivität von „Wahrheit" und „Wirklichkeit" nicht durch Normierungen zu unterdrücken versucht. Die konstruktivistische Sicht würdigt jede einzelne Erzählung als subjektive Deutung der Wirklichkeit und ebnet den Weg für eine multiperspektivische Sicht auf die Unternehmenswelt.
- **Wertschätzendes Zuhören statt Befragen:** Ein narrativer Zugang bedeutet, Mitarbeitern in Unternehmen zuzuhören, wenn sie über ihre Berufserfahrungen erzählen. Dabei wird das Gespräch inhaltlich stark von den Erfahrungen und Erlebnissen des Erzählenden gesteuert. Im Zentrum steht die Erzählung des Mitarbeiters, aber nicht die Erwartungen des Befragenden oder vorgefertigte Leitfäden.
- **Kontextbezogenheit statt nüchterner Fakten:** Narratives Management interessiert sich für die „Geschichte" hinter dem Verhalten: Vor welchem Hintergrund wurde ein bestimmtes

Verhalten gezeigt? Welche Story steckt dahinter? Was hat die gewonnene Erfahrung in welchen konkreten Situationen genutzt? Damit bekommt das Handeln der Mitarbeiter und deren Wissen eine emotionale Seite, lässt sich leichter verstehen und verinnerlichen.

- **Reflektieren statt reines Dokumentieren:** Im Narrativen Management werden Unternehmen und Mitarbeiter dazu aufgefordert, Erfahrungen und Erlebnisse nicht einfach nur zu dokumentieren und in IT-Systemen zu sichern, sondern sich vielmehr mit ihrer Vergangenheit, Gegenwart und Zukunft konstruktiv auseinanderzusetzen. Ein wichtiger Punkt dabei ist das Reflektieren wichtiger Ereignisse, Projekte, Veränderungen und das Verhalten von Management und Mitarbeitern in diesen kritischen Situationen.
- **Partizipation statt Top-down Vorgehen:** Ein narrativer Zugang heißt auch, Entscheidungen nicht ausschließlich von „oben" durch das Management bzw. Führungskräfte zu fällen und Mitarbeiter vor vollendete Tatsachen und Maßnamepläne zu stellen, sondern Betroffene mit in Entscheidungsprozesse einzubeziehen und gemeinsam nach passenden und umsetzbaren Lösungen zu suchen. Dies setzt, besonders beim Management, den Glauben in die Fähigkeiten der eigenen Mitarbeiter und den Wunsch am gemeinsamen Gestalten voraus.

Diese Grundpfeiler des narrativen Managements ähneln in großen Teilen der Grundhaltung der systemischen und narrativen Therapie und fordern auch ein Umdenken im Management, was die Zusammenarbeit mit Mitarbeitern und die Nutzung von Wissen anbelangt.

3.2   Was ist die Storytelling-Methode?

Wer den Begriff „Storytelling" in die Suchmaschinen des Internets eingibt, wird schnell feststellen, dass sich unter diesem Begriff in den letzten Jahren eine Vielzahl von ganz unterschiedlichen Ansätzen, Methoden, aber auch Sichtweisen finden lässt. Die Spannbreite reicht dabei vom Einsatz von Geschichten in Konferenzen, um Mitarbeiter für eine neue Idee zu begeistern, über die Nutzung von Geschichten für überzeugendere Präsentationen, dem Kreieren von Geschichten im Rahmen von Trainings bis hin zur Erhebung schwer zugänglichen Wissens (in ▶ Kap. 7 werden einige dieser unterschiedlichen Ansätze von Storytelling vorgestellt).

Der Begriff Storytelling umfasst eine Reihe unterschiedlicher Ansätze und Methoden

Eine Storytelling-Variante, die bereits in ganz unterschiedlichen Kontexten und Unternehmen erfolgreich eingesetzt wurde und darüber hinaus in gut dokumentierter Form vorliegt, ist die am Massachusetts Institute of Technology (MIT), USA, entwickelte Storytelling-Methode, um die es im Folgenden geht.

Die Storytelling-Methode des MIT, USA

3.2.1 Hintergründe und Einflüsse der Methodenentwicklung

Wie können kollektive Erfahrungen von Mitarbeitern aus der Vergangenheit in Organisationen so genutzt werden, dass es in der Zukunft nicht zu Wiederholungsfehlern kommt und Prozesse effektiver durchgeführt werden können? So lautete die Frage, mit der sich eine Gruppe von Forschern, Managern und Journalisten Mitte der 90er Jahre am Center for Organisational Learning des MIT in Cambridge im Rahmen eines Forschungsprojektes zur „Enträtselung kollektiven Lernverhaltens" beschäftigte. Ihr Ziel war es, ein Instrument zu entwickeln und zu testen, das es ermöglicht, Erfahrungen und Wissen über zentrale Ereignisse in Organisationen aus unterschiedlicher Perspektive zu erfassen und aufzubereiten. Während ihrer Forschungen stellten die Beteiligten fest, dass dies am besten über eine gemeinsam erzählte Geschichte funktioniert.

Das Ergebnis ihrer Arbeit nannten sie „learning history", zu Deutsch „Erfahrungsgeschichte" (Kleiner u. Roth 1997).

Der Entwicklung liegen bewährte Theorien und sozialwissenschaftliche Methoden zu Grunde

Die Entwicklung der Methode wurde dabei von verschiedenen bewährten Theorien und Techniken beeinflusst, die in aller Kürze vorgestellt werden sollen:

Bei der Art und Weise, wie das tägliche Leben von Mitarbeitern in spezifischen Unternehmenskulturen betrachtet werden kann, ließen die Forscher sich von der **Ethnographie** inspirieren, unter anderem von van Maanen (1979) und seiner Herangehensweise der „jointly told tale", bei der Forscher und Erforschte eine gemeinsame Geschichte über Ereignisse erzählen. Übernommen wurden auch narrative Interviewtechniken, bei denen man die zu interviewenden Personen ganze Geschichten und Anekdoten erzählen lässt, sowie die Methode der teilnehmenden Beobachtung, bei welcher der Forscher am alltäglichen Leben der „Erforschten" teilnimmt, um so tiefere Einblicke in Zusammenhänge und Hintergründe des zu untersuchenden Gegenstandes zu gewinnen.

Die **Aktionsforschung** bot ebenfalls wichtige methodische Ansätze für die Storytelling-Methode. Ihr geht es darum, verändernd in den zu untersuchenden Gegenstand einzugreifen und gemeinsam mit den „Erforschten" nach Lösungswegen für ihre Situation zu suchen.

Vom **Journalismus** wurden Techniken abgeleitet, z. B. wie schnell zum Kern einer Sache vorgedrungen, wie wichtige Fakten ausgewählt und ein Sachverhalt so aufbereitet werden kann, dass er Leser oder Zuhörer fesselt.

Daneben holte man sich auch Anregung bei der U.S. Army, die eine lange Tradition beim Fällen von Entscheidungen aufgrund von Erlebnissen der Vergangenheit hat.

Exkurs

Die Anfänge der Storytelling-Methode

Bereits 1997 gab es am MIT, USA, mehr als 15 Projekte, die die Storytelling-Methode einsetzten und mit ihr experimentierten. Vor allem in großen amerikanischen Unternehmen, wie z. B. Shell, Federal Express, Pacific Bell, Motorola oder Philips, wurde die Methode in verschiedenen Kontexten getestet. Zwei der dabei erstellten Erfahrungsgeschichten lassen sich in Buchform nachlesen: *Oil Change: Perspectives on Corporate Transformation* (Roth u. Kleiner 1999) und *Car Launch: The Human Side of Managing Change* (Roth u. Kleiner 2000).

In Deutschland wurde ab 1999, ausgehend von den Arbeiten am MIT, an der Ludwig-Maximilians-Universität München, am Institut für Pädagogische Psychologie (Prof. Dr. Heinz Mandl), am Fraunhofer Institut für Arbeitswirtschaft und Organisation in Stuttgart (Prof. Dr. Bullinger) und am Lehrstuhl für Medienpädagogik der Universität Augsburg (Prof. Dr. Reinmann) mit Storytelling in Forschungsprojekten gearbeitet. Bei diesen Projekten wurde die Methode für den deutschsprachigen Raum angepasst und vor allem konsequent in ihrer Effizienz und Praxistauglichkeit erweitert. Neben großen Unternehmen wurde die Methode dabei auch in kleineren und mittelständischen Unternehmen erfolgreich eingesetzt.

Im Jahr 2003 wurde das Beraternetzwerk NARRATA Consult von Christine Erlach und Karin Thier gegründet, das sich auf die Entwicklung, Vermittlung und den Einsatz narrativer Methoden, im Besonderen Storytelling, spezialisierte (www.narrata.de).

3.2.2 „Storytelling" – eine Definition

Was aber ist nun genau unter dem Begriff „Storytelling", so wie er in diesem Buch verwendet wird, bzw. unter der Storytelling-Methode zu verstehen? Die folgende Definition bringt es auf den Punkt:

Storytelling macht (Erfahrungs-)Wissen über einschneidende Ereignisse übertragbar

— **Definition** —————————————————————

Storytelling ist eine Methode, mit der (Erfahrungs-)Wissen von Mitarbeitern über einschneidende Ereignisse im Unternehmen (wie z. B. ein Pilotprojekt, eine Fusion, Reorganisationen oder eine Produkteinführung) aus unterschiedlichsten Perspektiven der Beteiligten erfasst, ausgewertet und in Form einer gemeinsamen **Erfahrungsgeschichte** aufbereitet wird. Ziel ist, die gemachten Erfahrungen, Tipps und Tricks zu dokumentieren und damit für das gesamte Unternehmen übertragbar und nutzbar zu machen.

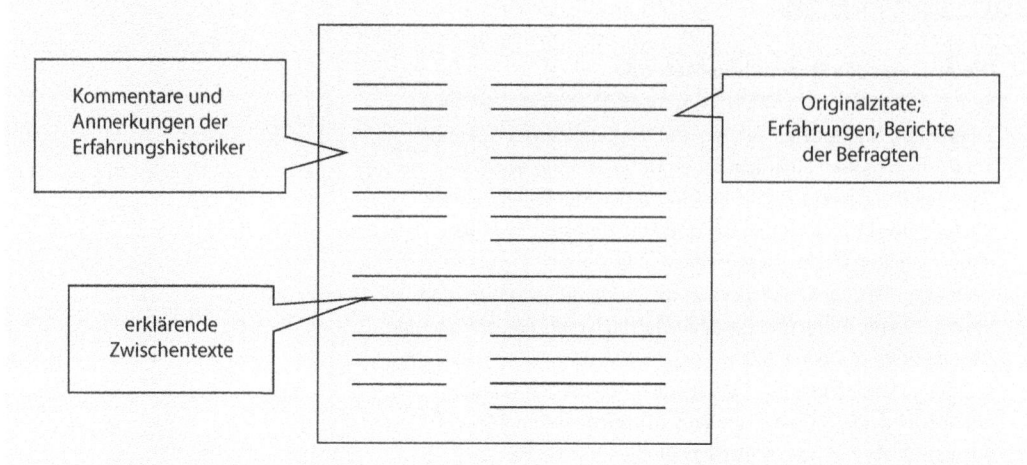

Kommentare und
Anmerkungen der
Erfahrungshistoriker

Originalzitate;
Erfahrungen, Berichte
der Befragten

erklärende
Zwischentexte

Abb. 3.1   Zweispaltiger Aufbau von Erfahrungsgeschichten

Die fertige **Erfahrungsgeschichte** wird anschließend beispielsweise in Workshops und Trainings im Unternehmen verbreitet, um einen größeren Lernprozess in Gang zu setzen. Dieser hat das Ziel, Wiederholungsfehler zu vermeiden und neue, innovative Lösungsansätze zu generieren.

Die Erfahrungsgeschichte ist Produkt des Methodeneinsatzes

Bei einer Erfahrungsgeschichte („learning history") handelt es sich um das Produkt, das durch den Einsatz der Storytelling-Methode in Organisationen entsteht. Genau genommen ist es eine schriftlich festgehaltene Nacherzählung wichtiger Vorkommnisse aus der jüngsten Vergangenheit einer Organisation (Kleiner u. Roth 1998).

Das Dokument ist in Spaltenform aufgebaut

Der Umfang dieses Dokumentes bewegt sich zwischen ca. 15 und 50 Seiten und ist zweispaltig aufgebaut (**Abb. 3.1). In der *rechten Spalte* wird die Geschichte mit Originalzitaten von denjenigen erzählt, die die dargestellten Ereignisse erlebt haben. Sie berichten ihre Sicht der Dinge. Die Erzähler werden dabei meist nicht namentlich genannt, sondern bleiben in der Regel anonym bzw. werden nur mit ihren Berufsbezeichnungen erfasst. Die einzelnen Zitate der unterschiedlichen Personen sind dabei so miteinander verwoben bzw. mit *Zwischentexten* versehen, dass eine nachvollziehbare, zusammenhängende, aber auch emotionale Geschichte entsteht.

Die *linke Spalte* ist mit Analysen und teilweise provokativen Kommentaren von den Schreibern der Erfahrungsgeschichte, den sog. „**Erfahrungshistorikern**", versehen. Ziel dieser Anmerkungen ist es, den Leser zum Nachdenken anzuregen und Punkte anzusprechen, die möglicherweise in den Zitaten nur angedeutet werden, aber an die Oberfläche gebracht werden sollten (Kleiner u. Roth 1997).

Eine Erfahrungsgeschichte besteht aus mehreren Kurzgeschichten

Die Erfahrungsgeschichte kann dabei in verschiedene aufeinander aufbauende oder eigenständige **Kurzgeschichten** unterteilt sein. Bei der Aufbereitung sind vielerlei Formen denkbar und auch multimediale Elemente können eingesetzt werden.

Um mit der Erfahrungsgeschichte möglichst effizient arbeiten zu können, bekommen die Leser in einer Art Anleitung Hinweise zum Lesen der Geschichte, bevor die eigentliche Erfahrungsgeschichte beginnt. Daneben werden in der Regel auch der Kontext des untersuchten Projektes, die befragten Personen und die Ziele, die die Organisation mit der Erfahrungsgeschichte erreichen will, für den Leser erläutert. Die Erfahrungsgeschichte plus diese erläuternden Zusätze ergeben dann das fertige **Erfahrungsdokument**, das in der Organisation verbreitet werden kann.

> Erfahrungsgeschichte und Erläuterungen für die Leser ergeben das fertige Erfahrungsdokument

3.3 Phasen der Storytelling-Methode

Bis das Erfahrungsdokument fertig ist und im Unternehmen verbreitet werden kann, müssen mehrere aufeinander aufbauende Phasen durchlaufen werden, die hier kurz skizziert werden (eine ausführliche Anleitung mit Praxisbeispielen gibt ▶ Kap. 6):

- **1. Planen:**
In der Planungsphase geht es vor allem darum, den groben Rahmen des Methodeneinsatzes im Unternehmen abzustecken. Zunächst muss geklärt werden, welche Zielsetzung mit dem zu erstellenden Erfahrungsdokument im Unternehmen verfolgt werden soll. Ist es z. B. die Erfassung von Wissen über erfolgreiche oder problematische Abläufe im Akquisitionsprozess oder will ein Unternehmen mehr über die gelebte Kultur im eigenen Unternehmen wissen, um Veränderungsprozesse besser planen zu können? Daneben legt man die Zielgruppen fest, die später von der erstellten Erfahrungsgeschichte profitieren sollen. Anschließend wird, wenn dies nicht bereits zu Beginn feststeht, nach einem herausragenden Ereignis im Unternehmen gesucht, anhand dessen die Geschichte erstellt werden soll. Die Planungsphase ist der Schlüssel für das Gelingen des Storytelling-Prozesses, da hier die Richtung der späteren Erfahrungsgeschichte bestimmt wird.

> In der Planungsphase werden Zielsetzung, Zielgruppe und Ereignis abgestimmt

- **2. Interviewen:**
Den Kern der nächsten Phase bildet die Befragung der am gewählten Ereignis Beteiligten. Dabei werden je nach Projekt zwischen ca. 5 und 25 Personen interviewt. Wichtig ist, dass so viele unterschiedliche Perspektiven wie möglich auf die zu untersuchenden Ereignisse eingefangen werden, das heißt, vom Praktikanten über den Projektleiter bis zum Geschäftsführer werden möglichst viele verschiedene Beteiligte interviewt. Nach Möglichkeit wird auch die Außenperspektive berücksichtigt und es werden Kunden, Lieferanten und Berater befragt. Dazu wird eine Kombination aus narrativem Interview und halbstrukturiertem Leitfaden angewendet: Die halbstrukturierten Anteile knüpfen mit konkreten Fragen an die vom Unternehmen verfolgte Zielsetzung an; die narrativen Anteile des Interviews geben Raum, neue Aspekte und persönliche Einstellungen aufzunehmen.

> Sammlung unterschiedlicher Perspektiven auf das gewählte Ereignis

Die Planungs- und die Interviewphase gehen in der Praxis recht nahtlos ineinander über und bilden keine scharfe Trennlinie.

■ **3. Extrahieren:**

Auswertung und Systematisierung der Interviewdaten

Jetzt geht es daran, „the mass of data", wie Kleiner u. Roth (1996) es nennen, also die Masse an Interviewdaten, auszuwerten und zu systematisieren. Dabei suchen die Erfahrungshistoriker innerhalb der vorhandenen Materialien (Interviews und Dokumente) nach bedeutenden Themen, aussagekräftigen Zitaten und sich widersprechenden Aussagen und ordnen diese anschließend erkennbaren Themengruppen zu. Dabei wird in Anlehnung an die qualitative Inhaltsanalyse (vgl. Mayring 2002) vorgegangen. Als thematische Schwerpunkte gelten Ereignisse und Erzählungen, die in den Interviews immer wieder aufgegriffen wurden und für die Befragten eine zentrale Rolle spielten.

Außerdem unterliegt die Auswertungsphase streng den drei Imperativen der Storytelling-Methode, die am Ende dieses Abschnitts aufgeführt werden.

Am Ende dieser Phase liegt das „Rohmaterial" für die Erfahrungsgeschichte vor.

■ **4. Schreiben:**

Verweben der Aussagen zu einer gemeinsam erzählten Geschichte

In dieser Phase wird die eigentliche Erfahrungsgeschichte geschrieben. Die Themenschwerpunkte werden dabei zu einer emotionsbetonten, aber auch beweiskräftigen Geschichte zusammengefügt, die von den Befragten und den Schreibern gemeinsam erzählt wird. Die Erfahrungsgeschichte besteht dabei meist aus mehreren Kurzgeschichten, die alle dem oben (▶ Abschn. 3.2.2) beschriebenen zweispaltigen Aufbau folgen und neben den Aussagen der Beteiligten Anmerkungen der Schreiber der Geschichte und Hintergrundinformationen enthalten.

Als Richtlinien für die Erstellung dienen wieder die unten beschriebenen drei Imperative.

■ **5. Validieren:**

Prüfung der Richtigkeit der Geschichte durch die Interviewpartner

Der erste Entwurf der Erfahrungsgeschichte geht dann, falls nicht anders vereinbart, an alle Interviewten zurück. Diese haben dann die Gelegenheit, ihre Aussagen zu überprüfen und ggf. Änderungen oder Ergänzungen vorzunehmen. Diese Phase ist wichtig für die Akzeptanz der Geschichte bei den Mitarbeitern und um sicherzugehen, dass alle Beteiligten mit der Auswahl und Einbettung ihrer Zitate einverstanden sind.

■ **6. Verbreiten:**

Verbreitungen des Erfahrungsdokumentes und seiner Lehren im Unternehmen

Nach der Präsentation der Ergebnisse vor den Auftraggebern wird die fertige Erfahrungsgeschichte z. B. im Rahmen von Workshops im Unternehmen verbreitet. Ausgesuchte Mitarbeiter kommen dabei zusammen, um ihre Meinungen und Lehren aus der Geschichte auszutauschen und gemeinsam zu überlegen, wie das Unternehmen aus den Erfahrungen der Vergangenheit lernen kann. Die mit Storytelling

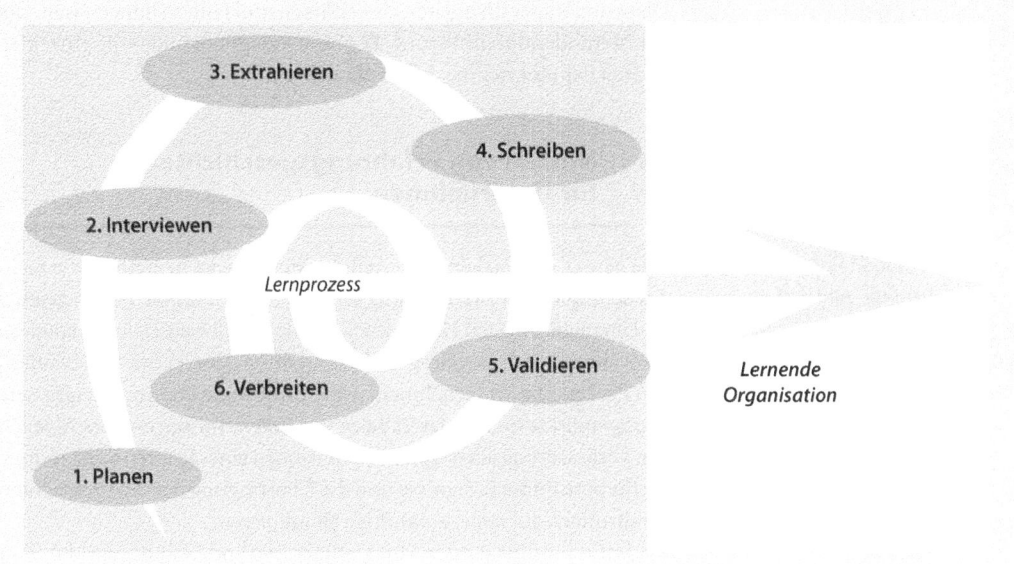

◻ Abb. 3.2 Der Storytelling-Prozess

gewonnenen Lehren und Erkenntnisse werden auf diese Art auch für andere Kontexte nutzbar gemacht. Die letzte Phase des Storytelling-Prozesses zielt darauf ab, Gespräche anzuregen, Gewohnheiten in Frage zu stellen, gewonnene Erkenntnisse zu reflektieren und unternehmensweit Lernprozesse anzustoßen. Die Lehren der Geschichte können dabei z. B. in das Qualitätsmanagement von Unternehmen, in Prozessbeschreibungen, Dokumentationen, Marketingunterlagen oder Trainings einfließen.

Den Kern des Storytelling bildet folglich nicht nur das Ergebnis – also die Geschichte an sich – sondern vielmehr die Prozesse, die mit Hilfe des Erfahrungsdokumentes ausgelöst werden.

Für einen erfolgreichen Durchlauf des gesamten Storytelling-Prozesses, aber besonders bei der Auswertung der Gespräche und dem Schreiben der Erfahrungsgeschichten müssen immer wieder folgende drei Richtlinien bzw. **Imperative** berücksichtigt werden:

Die drei Imperative des Storytelling-Prozesses

1. „**The research imperative**": Damit ist das saubere, wissenschaftliche Arbeiten und das sichtbare Trennen von Fakten, Zitaten, Hypothesen und Interpretationen gemeint.
2. „**The pragmatic imperative**": Mit diesem Imperativ soll sichergestellt werden, dass die Erfahrungsgeschichte auch so aufgebaut und geschrieben wird, dass sie von den Lesern akzeptiert wird und einen größtmöglichen Lerneffekt im Unternehmen anstößt.
3. „**The mythic imperative**": Hierunter ist die Berücksichtigung des Unternehmenskontextes zu verstehen, in den die Erfahrungsgeschichte eingebettet sein muss, und das Erzeugen von Spannung für den Leser (Kleiner u. Roth 1996).

Diese drei Imperative gelten als Leitlinien und Hilfestellungen während der Methodendurchführung. ◘ Abb. 3.2 zeigt nochmals die einzelnen Phasen der Storytelling-Methode auf.

3.4   Nutzen von Erfahrungsgeschichten für Unternehmen

Ziel des Methodeneinsatzes sind vor allem die zahlreichen Prozesse, die durch das Erfahrungsdokument im Unternehmen angeregt werden

Wie gesagt, das Ziel der Storytelling-Methode ist in erster Linie nicht das Schreiben der Erfahrungsgeschichte, die von Mitarbeitern gelesen und im ungünstigsten Fall in den Schrank gestellt werden kann, sondern die während der Erstellung und Verbreitung der Geschichte ablaufenden Prozesse im Unternehmen, wie z. B. die Reflexion von Ereignissen, Gruppendiskussionen, das Erzielen von Erkenntnissen und das Ableiten von Verbesserungsideen, also das Gewinnen eines tieferen Verständnisses für bestimmte Ereignisse und die Übertragung der dort gemachten Erfahrungen auf neue, zukünftige Handlungen.

Mit dem Einsatz der Storytelling-Methode kann man dabei in Unternehmen zahlreiche Effekte erzielen:

Bildung von Vertrauen zum Unternehmen und zu anderen Mitarbeitern

Als wichtigsten Effekt beschreiben Kleiner u. Roth (1997), die Urväter der Methode, das **Bilden von Vertrauen** unter den Mitarbeitern. So bekommen Mitarbeiter, die bislang das Gefühl hatten, isoliert zu sein oder deren Meinung ignoriert wurde, die Chance, sich zu äußern und ihre Ideen und Verbesserungsvorschläge einzubringen. Die Workshops und Diskussionen über das Erfahrungsdokument tragen darüber hinaus zu einer **kollektiven Reflexion** über entscheidende Ereignisse bei. Dies ermöglicht den Mitarbeitern, über ihre eigenen Annahmen und Ängste zu sprechen und sich darüber auszutauschen. Überhaupt stellt die Erfahrungsgeschichte ein sichtbares Zeichen dafür dar, dass ein Unternehmen die Erfahrungen, Meinungen und Standpunkte seiner Mitarbeiter ernst nimmt und ihnen bewusst Platz einräumt. Damit führt die Erfahrungsgeschichte zur **Festigung des Zugehörigkeitsgefühls** zum Unternehmen. Und wenn das Vertrauen untereinander wächst, dann kann sich in Organisationen auch eine Umgebung entwickeln, die ein gemeinsames Lernen ermöglicht.

Wichtige Hinweise über die Unternehmenskultur

Ein weiterer Effekt ist, dass Storytelling **Themen an die Oberfläche bringt, über die normalerweise nicht offen gesprochen wird**, die aber wichtig sind und einen großen Einfluss auf die Prozesse und die Unternehmenskultur haben. Die Erfahrungsgeschichte mit den meist anonymen Zitaten der Mitarbeiter und provokanten Anmerkungen von Außenstehenden ermöglicht es, diese Themen aufzudecken, ohne einzelne Personen bloßzustellen. Durch die Kenntnis dieser inoffiziellen Unternehmenskultur wird es möglich, greifende und sinnvolle Veränderungen zu planen und durchzuführen, denn oft scheitern Kulturveränderungen gerade an der Blindheit gegenüber der real gelebten Unternehmenskultur, die bestimmte Modifikationen nicht zulässt. So kann z. B. die Einführung eines neuen Informationsinstrumentes, das auf dem freiwilligen Einstellen von Informationen beruht, nicht gelingen, wenn insgeheim bekannt ist, dass das obere Management Informationen nicht weiterleitet und diese Praxis von Mitarbeitern in keiner Weise honoriert.

Daneben kann **Wissen von einer Gruppe von Mitarbeitern zu einer anderen** durch Storytelling erfolgreich **transferiert** werden. Anstatt einfach „Erfolgsbeispiele" und „lessons learned" zu kopieren, die nichts mit dem realen Arbeitsalltag zu tun haben, können die Leser von Erfahrungsgeschichten etwas über Hintergründe und Impulse erfahren, die zu bestimmten Situationen in ihrem Unternehmen führten. Die gewonnenen Einsichten lassen sich so einfach und eingängig auf die eigene Situation übertragen.

Wissen kann von einer Gruppe von Mitarbeitern auf eine andere übertragen werden

Einen weiteren bereits eingangs erwähnten Vorteil bieten Erfahrungsgeschichten in diesem Zusammenhang darüber hinaus: **Es macht Spaß, sie zu lesen!** Es gibt kaum einen Mitarbeiter, den es nicht interessiert, was seine Kollegen über wichtige Ereignisse oder Prozesse im Unternehmen zu sagen haben. Die Geschichten sprechen die emotionale Seite der Mitarbeiter an und lösen Freude, Wut, Mitgefühl oder Verständnis aus. Alles dies vermögen nüchterne Checklisten, Statistiken und Berichte nicht. Deshalb bleiben die Lehren und Erfahrungen, über die in Erfahrungsgeschichten berichtet wird, nachhaltiger im Gedächtnis und sind darüber hinaus glaubwürdiger, denn reale Mitarbeiter und Kunden des Unternehmens sind die Erzähler.

Geschichten machen Spaß, bleiben im Gedächtnis haften und sind glaubwürdig

Generell helfen Erfahrungsgeschichten Unternehmen dabei, einen **Grundstock an übertragbarem Wissen in Organisationen zu generieren.** Auch wenn sich die Inhalte der Geschichten um ein bestimmtes Ereignis ranken, so lassen sich die Lehren, Tipps und Tricks doch auf zahlreiche andere Projekte und Prozesse übertragen. Daher ist die Storytelling-Methode als ein instrumenteller Ansatz zur Umsetzung organisatorischen Lernens zu sehen (vgl. Lehner 2000).

Mit Storytelling können außerdem **Veränderungsprozesse in Organisationen angeregt** werden, denn mit der Erfahrungsgeschichte wird ein Dialog über Prozesse und Verhaltensweisen innerhalb der Organisation unter den Mitarbeitern angestoßen, der Stoff für Veränderungen bietet.

Geschichten regen Veränderungsprozesse an

Neben den aufgezählten „weichen" Faktoren, wie Bildung von Vertrauen, Festigung des Zugehörigkeitsgefühls oder Unterstützung von Veränderungsprozessen, die mit Storytelling ausgelöst werden, aber kaum messbar und nachprüfbar sind, kann Storytelling aber auch zu **konkreten Prozessverbesserungen** führen. Durch die Betrachtung von Abläufen in Projekten über die gängigen Prozessgrenzen hinweg lassen sich Schwächen, Probleme, aber auch bislang unbekannte Erfolgsfaktoren und ihre Auswirkungen in der Praxis oftmals erst erkennen. Die Rückführung dieser Erkenntnisse in die Prozessabläufe und Dokumentationen des Unternehmens, z. B. innerhalb des Qualitäts- und Wissensmanagements, kann langfristig zu großen Kosteneinsparungen führen. Dies illustriert folgendes Beispiel:

Neben „weichen" Faktoren führt Storytelling auch zu konkreten Prozessverbesserungen

Beispiel

Ein mittelständisches Unternehmen, das immer wieder
darüber klagte, dass die Zusammenarbeit mit teuren externen
Mitarbeitern nicht funktioniere und dies zu enormen Fehlzeiten
und internen Kosten führe, wurde durch die verschiedenen
Aussagen der Projektleiter und Mitarbeiter in der Erfahrungsgeschichte darauf aufmerksam, dass die Entscheidung über die
Notwendigkeit des Einsatzes externer Mitarbeiter immer von
oben, also vom Management gefällt wurde und damit über
den Kopf des Projektleiters und des Teams hinweg. Dies führte
dazu, dass das Team die neuen Mitarbeiter nicht akzeptierte und
eine ablehnende Haltung gegenüber den „Fremden" einnahm.
Es ging sogar so weit, dass bestimmte Arbeiten nicht an die
Externen abgegeben wurden oder diese keine hinreichenden
Informationen erhielten.
Als Konsequenz aus der Erfahrungsgeschichte wurde
die Integration des verantwortlichen Projektleiters in die
Entscheidung über den Einsatz externer Mitarbeiter und die
ausführliche Information des Teams über Sinn und Zweck
der Maßnahme in die Prozesse des Unternehmens mit
aufgenommen.

Zeit für Reflexion als Voraussetzung für Veränderungen

Darüber hinaus stellt Storytelling für Unternehmen einen Luxus dar, den sich nur wenige Unternehmen leisten wollen und der noch immer deutlich unterschätzt wird: nämlich **Zeit zum Reflektieren**, Nachdenken, Einschätzen und Überdenken. Häufig hört man von Arbeitnehmern und Führungskräften folgende Aussagen: „Ja, eigentlich müsste man sich mal hinsetzen und über die vergangenen Projekte in Ruhe nachdenken und aufschreiben, was für Erfahrungen gesammelt wurden. Aber dafür habe ich einfach keine Zeit und schon ist das nächste Projekt da." Zum einen liegt es vielleicht wirklich an der fehlenden Zeit, was aber noch viel schlimmer ist, dass es oftmals an der fehlenden Akzeptanz von Unternehmen für Reflexionsprozesse liegt oder daran, dass die Priorität für diese Belange als eher gering eingeschätzt wird. Das heißt, es werden vom Unternehmen keine Instrumente und kein Zeitrahmen zur Reflexion von Projekten bereitgestellt. Falls sich Mitarbeiter trotzdem selbst Zeit nehmen, ihre Tätigkeit zu reflektieren, wird dem oftmals nicht mit Lob, sondern mit Unverständnis begegnet. Wie wichtig richtig gesteuerte und dokumentierte Reflexionsprozesse dafür sind, Innovationen zu entwickeln, Fehler zu vermeiden und Prozesse zu optimieren, wird noch weitestgehend ignoriert. Dazu ein Ausschnitt aus einem Radiobeitrag, in dem der Bielefelder Soziologe und Wissensmanagementforscher Wilke seine Beobachtungen zu diesem Thema schildert:

» Ich sehe das ja tagtäglich, das so genannte Tagesgeschäft, der
   Zeitdruck, der Druck von Quartalsberichten von Analysten,
   von allen möglichen Stakeholdern, die da eine Rolle spielen,
   verhindert eigentlich genau das, … wenn man sich, sagen wir
   mal, einmal pro Woche eine Stunde Reflexion gönne würde –
   genau das geschieht nicht, und zwar aus einem atemlosen
   Hinterherrennen sozusagen des Tagesgeschäftes, obwohl …
   diesen Personen klar ist, … dass das … widersinnig ist, dass das
   kontraproduktiv ist, und dennoch schaffen sie es meistens nicht,
   aus diesem Teufelskreis auszubrechen.
   (Aus dem Manuskript der Radiosendung des SWR 2 vom 21.
   August 2004 „Genug gewusst – Vision einer menschlichen
   Wissensgesellschaft" von Falk Fischer)

Um diesen Teufelskreis zu durchbrechen, kann Storytelling einen
Beitrag leisten.

Mit Storytelling zu erzielende Effekte
- Bildung von Vertrauen in das eigene Unternehmen und
  Stärkung des Zugehörigkeitsgefühls
- Ernst nehmen des kollektiven Wissens von Projektteams
- Aufspüren und Diskussion wichtiger Tabuthemen
- Weitergabe und Sicherung von Erfahrungen, Tipps und Tricks
- Einleitung und Unterstützung von Veränderungsprozessen
- Aufdecken konkreter Möglichkeiten zur Prozessverbesserung
- Zeit für Reflexion wichtiger Ereignisse und Lernen für die
  Zukunft

Kleiner u. Roth (1997) sind der Meinung, dass durch den Einsatz der
Storytelling-Methode so viele Effekte in Unternehmen erzielt und angeregt werden könnten, dass diese Methode in Zukunft standardmäßig
bei der Ausbildung von Managern gelehrt werden solle.

Anwendungsbereiche

© Springer-Verlag Berlin Heidelberg 2017
K. Thier, *Storytelling*,
DOI 10.1007/978-3-662-49206-2_4

Wissensweitergabe braucht Raum und Vertrauen. (© Armbruster)

Am Anfang eines Storytelling-Prozesses stehen oft folgende Fragen:

- Wie kann der Rest des Unternehmens von Erfahrungen einzelner und von Teams profitieren?
- Wie können wir unser „weiches" Wissen, z. B. über Kommunikation oder Teambildung, dokumentieren?
- Gibt es einen Weg zu erkennen, warum bestimmte Prozesse in unserem Unternehmen erfolgreich oder problematisch sind?
- Welche Werte, Einstellungen, Wahrnehmungen machen unsere Unternehmenskultur (wirklich) aus?
- Wie können wir sicher sein, dass unsere Veränderungsprozesse erfolgreich waren oder sind?

Am Anfang von Storytelling steht meist ein konkreter Anlass oder ein Problem

Meist sind es konkrete Anlässe, die diese Fragen hervorrufen, wenn z. B. ein wichtiges Akquisitionsprojekt verloren wurde, die Einführung eines neuen Prototyps ungewöhnlicherweise zwei Wochen früher als geplant stattfinden konnte oder festgestellt wird, dass die vom Management beschlossene Veränderungsmaßnahme von der Linien- hin zur Projektorganisation nur auf dem Papier stattgefunden hat.

In diesen Situationen kann man von Managern immer wieder Aussagen hören wie: „Das müssen wir genauer untersuchen", oder „Wir dürfen das Rad nicht immer wieder neu erfinden".

Oft kennen die eigenen Mitarbeiter die Antworten auf die Fragen des Managements

Leider stehen für solche ausführlichen Reflexionsprozesse in Unternehmen oft weder Zeitressourcen noch geeignete Methoden zur Verfügung. Aufgrund des Zeit- und Methodenmangels greifen Unternehmen dann gerne zu externer Hilfe. Sie holen sich Berater ins Haus, die fertige Antworten präsentieren sollen. In vielen Fällen wissen jedoch die eigenen Mitarbeiter selbst ganz genau, woran es beispielsweise lag, dass ein Projekt scheiterte oder ein besonderer Erfolg wurde. Die Gründe sind keine unerklärlichen Mythen, die es erst durch Experten und Berater zu analysieren gilt, sondern das Zusammenspiel bestimmter Rahmenbedingungen, zwischenmenschlicher und fachlicher Besonderheiten. Jeder Beteiligte kennt Aspekte des Scheiterns von Projekten oder Erfolgsfaktoren für deren Gelingen. Er hat auch eine konkrete Vorstellung davon, warum z. B. bestimmte Maßnahmen des Managements im Arbeitsalltag scheitern müssen. Das Problem besteht darin, dass die Mitarbeiter nicht gefragt werden und damit dieses Wissen brach liegt!

Unternehmen versäumen so die Möglichkeit, Erlebtes gemeinsam zu reflektieren und ein größeres Bild vom Ganzen zu erhalten, indem sie die Erfahrungen der Beteiligten bündeln.

Das Wissen der Mitarbeiter bleibt oft ungenutzt

Dass Erfahrungsgeschichten hierzu einen wertvollen Beitrag leisten können, wurde bereits erwähnt, allerdings ist die Erstellung von Erfahrungsgeschichten auch arbeitsintensiv. Schaut man sich die einzelnen Phasen und die Prozesse an, die durchlaufen werden müssen, damit am Ende eine stimmige, spannende und lehrreiche Geschichte entsteht, wird schnell deutlich, dass eine Erfahrungsgeschichte mehr Aufwand als ein herkömmlicher Projekt- oder ein „Best-Practice"-Bericht bedeutet. Daher sollte im Vorfeld genauer überlegt werden, welche Ereignisse und Inhalte mit Storytelling beleuchtet werden sollen. Prinzipiell sind alle möglichen Kontexte für den Einsatz von Storytelling denkbar.

Im Folgenden werden einige der wichtigsten Anwendungsbereiche vorgestellt, bei denen sich Storytelling bzw. Erfahrungsgeschichten gewinnbringend einsetzen lassen. Dabei steht, je nach Anwendungsbereich, zum Teil weniger die zu erstellende tatsächlichen Geschichte im Vordergrund, sondern das spezielle methodische Vorgehen des Storytelling-Prozesses.

4.1 Storytelling im Wissensmanagement

Unternehmen, die bereits eine umfangreiche Informations- und Wissensmanagementstrategie verfolgen und über ein angepasstes und von den Mitarbeitern akzeptiertes technisches Wissensmanagementinstrument verfügen (z. B. Datenbanken, Intranet, Wikis), sehen Storytelling meist als Teil ihrer Wissensmanagementstrategie an. Mittels Storytelling wird die Möglichkeit geschaffen, neben reinen Daten, Fakten und technischen Details auch weiches oder implizites Wissen wie Erfahrungen, Tipps und Tricks zu Themen wie Kommunikation, Teamarbeit, Kooperation, Akquisition zu erfassen und zu dokumentieren.

Ergänzung von Wissensmanagement-instrumenten um „weiches" Wissen

▪ ▪ Wie lässt sich Storytelling einsetzen?

Die durch Storytelling erstellten Erfahrungsgeschichten können entweder komplett in das bestehende Wissensmanagementinstrument eingestellt werden und eine eigene Rubrik bilden, es können aber auch passende Auszüge aus der Erfahrungsgeschichte zu bestimmten Themen zugeordnet werden und die bestehenden Einträge ergänzen.

> **Beispiel**
>
> Ein Unternehmen sammelt und verbreitet Informationen über sein Intranet. Alle Informationen sind nach Sparten und Themen geordnet. So findet man dort z. B. für das Thema **Einarbeitung** Fakten (wie Ansprechpartner für bestimmte Fragen aus dem Personalbereich und Checklisten), die darauf hinweisen, was während der Einarbeitungszeit alles beachtet und durchgeführt werden sollte. Daneben finden Mitarbeiter dort aber auch noch eine **Erfahrungsgeschichte**, in der Mitarbeiter z. B. aus ihren ersten 100 Tagen im neuen Unternehmen berichten und erzählen, mit welchen oftmals auch ganz unvorhergesehenen Problemen sie kämpfen mussten, wie sie das Unternehmen und ihre Kollegen wahrgenommen haben und wie sie sich schließlich im „Dschungel" des neuen Unternehmens zurechtgefunden haben. Diese Geschichte ergänzt die nüchternen Fakten und behandelt auch die emotionalen Fragestellungen zur Einarbeitungszeit.

▪ ▪ Was bringt Storytelling?

Erfahrungsberichte können die meist auf Daten und Fakten basierende Informations- und Wissensmanagementsysteme in optimaler Weise ergänzen. Sie zeigen Tipps, Tricks und Erfahrungen jenseits von Fakten auf und geben wertvolle Hinweise über die Unternehmenskultur. Darüber hinaus wird Mitarbeitern, die mit einer bestimmten Frage die Datenbank oder das Intranet besuchen, das Gefühl gegeben, mit ihrem Problem nicht alleine zu sein. Sie können mit den Erfahrungsgeschichten auf Erlebtes und Hinweise von Mitarbeitern, die sich bereits in ähnlichen Situationen befunden haben, zurückgreifen. So lernen die Leser bewährte Strategien kennen.

4.2   Storytelling für das Project Debriefing

Standardisierte Erfassung von Erfahrungen nach Projektende

Storytelling kann aber auch standardmäßig für die Auswertung von Projekten in Unternehmen eingesetzt werden. So wird das Erfahrungswissen nicht nur von strategisch wichtigen Vorhaben erfasst, sondern in standardisierter Form von möglichst vielen Projekten. Dies führt langfristig in Unternehmen zu einem ständig wachsenden Pool an verfügbarem und nachlesbarem Erfahrungswissen für die unterschiedlichsten Ereignisse und Problembereiche. Für einen regelmäßigen Einsatz bietet sich eine speziell auf die Bedürfnisse des Unternehmens zugeschnittene Kurzform von Storytelling an, da die Durchführung der vollständigen Methode zu aufwändig wäre.

▪ ▪ Wie lässt sich Storytelling einsetzen?

Bevor ein Projekt zu Ende geht, wird mit dem gesamten Projektteam ein Storytelling-Workshop durchgeführt, den externe Moderatoren leiten und bei dem die Beteiligten in Gruppen- und Einzelgesprächen die

Möglichkeit zur Reflexion haben. Die Beteiligten erzählen von ihren Erlebnissen während des Projektes, wie sie z. B. die Einarbeitungsphase, die Teamarbeit, das Management, die Beziehung zum Kunden, die Prozesse und Abläufe empfunden haben, welches Vorgehen sich bewährt hat und was sie in Zukunft anders machen würden. Anschließend geben sie Tipps für die anderen Mitarbeiter des Unternehmens. Die externen Moderatoren erfassen und dokumentieren die Erzählungen und Erfahrungen der Beteiligten, um sie für andere Projektteams nutzbar zu machen.

> **Beispiel**
>
> Bei einem international aufgestellten Großkonzern wird die Rolle der „weichen" Elemente in Projekten wie Kommunikation mit den Kunden, Kooperationskompetenz und Teambildungsfähigkeit immer mehr als erfolgskritischer Faktor und als Stärke gegenüber Wettbewerbern angesehen. Um sich langfristig im Wettbewerb zu behaupten, sieht es das Unternehmen als äußerst wichtig an, diese „weichen" Erfolgsfaktoren regelmäßig zu erfassen, zu verbreiten und zu verbessern. Dafür setzt es Storytelling als Debriefing-Methode ein, d. h., am Ende eines jeden Projektes findet standardmäßig ein halber Tag Workshop statt, bei dem das gesamte Team gemeinsam das Projekt, seine Erfolgsfaktoren, seine Erlebnisse, Erfahrungen und Lehren daraus diskutiert. Ein externer Moderator leitet den Workshop und fasst die wichtigsten Ergebnisse anschließend in anschaulicher Form, z. B. als Geschichten, Anekdoten, Bilder oder Flipcharts, zusammen. Die aufbereiteten Erfahrungen werden nach Schlagwörtern sortiert und ins Intranet gestellt. Vor Beginn eines neuen Projektes und während der Durchführung wird der Projektleiter in Teammeetings anhand der Erfahrungen aus anderen Projekten immer wieder die aktuelle Situation bewerten, diskutieren und nach übertragbaren Lösungen suchen.

■ **Was bringt Storytelling?**

Die standardisierte Dokumentation von Erfahrungen durch Storytelling ermöglicht Unternehmen, langfristig einen Pool von übertragbarem Wissen aufzubauen. Auf diese Weise gehen wichtige und erfolgsrelevante Faktoren nach Projektende nicht mehr verloren.

Langfristiger Aufbau eines Pools an übertragbarem Wissen

Bei regelmäßigem Einsatz von Storytelling kann die Methode aufgrund der benötigten Ressourcen sicher nicht in ihrer ausführlichen Form durchgeführt werden. Es bietet sich hier vielmehr eine Kurzform an, in deren Mittelpunkt ein Workshopkonzept mit anschließender Auswertungs- und Dokumentationsphase steht. Bei dieser Kurzform geht es darum, die wichtigsten Tipps und Tricks der Beteiligten zu erfassen. Ausführliche Erfahrungsberichte und tiefer gehende Zusammenhänge können allerdings nur mit einem ausführlichen Storytelling-Projekt aufgedeckt und festgehalten werden.

Dokumentation von Projekten
über Daten und Fakten hinaus

4.3   Storytelling zur Dokumentation wichtiger Projekte

Projektdokumentationen werden in der einen oder anderen Form in allen Unternehmen durchgeführt. Meist ist es im Projektmanagement festgeschrieben, dass zum Ende eines Projektes eine Dokumentation erfolgen muss. Diese dient Auftraggebern als Rechtfertigung für die Abnahme des Auftrages und andererseits intern dem Unternehmen zur Erfassung wichtiger Daten und Fakten über das Projekt. Was bei Projektdokumentationen allerdings in den meisten Fällen zu kurz kommt, ist die Aufzeichnung über Daten, Fakten und technische Abläufe hinaus. Besonders bei strategisch wichtigen Projekten, wie z. B. „Roll-out" für neue Produkte und Dienstleistungen oder Abläufe, die in ähnlicher Form immer wieder im Unternehmen vorkommen und einen hohen Anteil der Wertschöpfung ausmachen, reicht diese Art von Dokumentation nicht aus. Um Wiederholungsfehler zu vermeiden und erfolgreiche Strategien in andere Projekte übernehmen zu können, müssen neben Fakten auch Erfahrungen über Abläufe, Vorkommnisse und zwischenmenschliche Komponenten nachvollziehbar und verständlich dokumentiert werden.

▪ ▪ Wie lässt sich Storytelling einsetzen?

Am Ende von wichtigen Projekten können die gemachten Erfahrungen der unterschiedlichen Beteiligten mittels der Storytelling-Methode in einer gemeinsamen Erfahrungsgeschichte dokumentiert werden. Diese wird anschließend verteilt und z. B. in Workshops mit Mitarbeitern, die ähnliche Projekte durchführen, besprochen.

> **Beispiel** ▪
>
> Ein Gerätehersteller hat einen Prototyp entwickelt und möchte diesen in naher Zukunft serienmäßig herstellen lassen. Damit die Serienproduktion möglichst reibungslos läuft, will er ein Pilotprojekt genau beobachten und dokumentieren lassen. Nach Ende des Pilotprojektes lässt er deshalb eine Erfahrungsgeschichte schreiben. Aus den Zitaten der unterschiedlichen Beteiligten erfährt er z. B., dass das Marketingteam bereits zu einem viel früheren Zeitpunkt als geplant und viel umfangreicher als gedacht einzubinden ist. Für die zukünftigen Teams wird aus der Erfahrungsgeschichte auch deutlich, wie wichtig es ist, ein gutes Verhältnis zu den Zulieferern aufzubauen und was notwendig ist, um die Motivation im Team aufrechtzuerhalten. Anschließend wurden die Inhalte der Erfahrungsgeschichte mit den neuen Projektteams diskutiert und die Erfahrungen in das Projektmanagement integriert.

▪▪ Was bringt Storytelling

Storytelling bietet eine Methode, ein Projekt in den Worten der Beteiligten in seiner Gesamtheit zu erfassen. Durch die Erfahrungsgeschichte wird nachvollziehbar, warum Probleme auftauchten und wie diese hätten gelöst werden können Es wird verständlich, warum bestimmte Vorgehensweisen erfolgreicher sind als andere und welche Konsequenz daraus zu ziehen ist. Die Leser der „Projektgeschichten" können für zukünftige Projekte lernen. Dem Unternehmen bleiben auf diese Weise unter Umständen teure und zeitintensive Wiederholungsfehler erspart.

Besonders bei strategisch wichtigen und aufwändigen Projekten sollten Unternehmen nicht darauf verzichten, die von Mitarbeitern gemachten Erfahrungen und Lehren für die Zukunft festzuhalten.

Storytelling hilft, teure und zeitintensive Wiederholungsfehler zu vermeiden

4.4 Storytelling bei „Leaving Experts"

Aufgrund des demographischen Wandels in Deutschland wird bereits in den nächsten Jahren ein enormer Wissensverlust durch Leaving Experts erwartet. Besonders der Abfluss von schwer zugänglichem Erfahrungswissen oder auch implizitem Know-how stellt dabei ein Problem dar. Aber auch der heute übliche ständige Arbeitsplatzwechsel und Entlassungen führen dazu, dass den Unternehmen wertvolles Wissen abhandenkommt. Oftmals bleibt in diesen Fällen keine Zeit, Wissen zu sichern und weiterzugeben. Auch findet in vielen Unternehmen immer noch eine äußerst unzureichende bzw. gar keine Übergabe an Nachfolger statt. Besonders tragisch kann dieses Versäumnis werden, wenn Mitarbeiter mit besonderem Expertenwissen oder besonderen Kontakten das Unternehmen verlassen. Dies kann dann auch schmerzvolle finanzielle Auswirkungen haben, wenn z. B. ein wichtiger Kundenkontakt verloren geht oder Abläufe nicht mehr nachvollzogen werden können.

Storytelling trägt dazu bei, wertvolle Erfahrungen ausscheidender Experten zu erfassen und sie in nachvollziehbarer und anschaulicher Weise zu dokumentieren.

Expertenwissen vor Ausscheiden sichern

▪▪ Wie lässt sich Storytelling einsetzen?

Sobald feststeht, dass ein Experte das Unternehmen verlassen wird, muss darüber nachgedacht werden, welche Möglichkeiten es gibt, sein Expertenwissen und seine Erfahrungen für das Unternehmen zu erhalten. Beim Einsatz von Storytelling ist dabei besonders wichtig, dass der Mitarbeiter zur Kooperation mit dem Storytelling-Team bereit ist und seine Erfahrungen auch weitergeben möchte. Zu Beginn sollte daher ein Gespräch mit dem „Leaving Expert" stattfinden, um bei ihm Akzeptanz für die Dokumentation seines Wissens zu erreichen. Von Vorteil ist sicherlich, wenn der ausscheidende Mitarbeiter eine Art Bonus für seine Kooperationsbereitschaft erhält. Wichtig ist auch, dass (potenzielle) Nachfolger möglichst frühzeitig in den Storytelling-Prozess mit eingebunden werden. Beim Einsatz von Storytelling für Leaving Experts findet die Dokumentation meist in Form einer Art Mind Map statt, die

Themen und Erfahrungen für potenzielle Nachfolger enthält. In ihr sind entsprechende Anekdoten und Projektgeschichten thematisch geordnet hinterlegt (s. auch Erlach et al. 2013 und ► Abschn. 7.3 „Transfer Stories" zur Sicherung von Expertenwissen)

Beispiel

Ein langjähriger Mitarbeiter im Kundendienst soll in wenigen Monaten pensioniert werden. Die Nachfolge ist jedoch noch nicht geklärt. Das Unternehmen überlegt noch, ob die Mehrarbeit auf das Team verteilt werden soll oder ob ein neuer Mitarbeiter eingestellt werden muss, der die Arbeit des ausscheidenden Kollegen übernimmt. Schon jetzt ist abzusehen, dass durch die Pensionierung eine große Lücke entstehen wird. Vor allem bei der Pflege bestimmter „Key-Account"-Kunden kennt sich niemand so gut aus bzw. hat das richtige „Händchen". Um möglichst viel vom Wissen des ausscheidenden Mitarbeiters im Hause zu behalten, beschließt das Unternehmen, Storytelling einzusetzen. In den folgenden Wochen erzählt der Mitarbeiter in Interviews mit dem Storytelling-Team u. a., wie er Kundenkontakt herstellt, wie er diesen aufrechterhält und worauf bei welchem seiner Kunden besonders zu achten ist. Festgehalten werden auch konkrete Tipps, für seinen Nachfolger. Aus den Interviews wird ein Erfahrungsdokument in Form einer Mind Map erarbeitet, das den Nachfolgern zur Verfügung gestellt wird und ihnen die Übergangszeit deutlich erleichtert und verkürzt.

▪ ▪ Was bringt Storytelling?

Wenig Dokumentationsaufwand für den „Leaving Expert" selbst

Storytelling ist ein unkonventioneller Weg, Wissen und Erfahrungen ausscheidender Experten zu sichern und nachvollziehbar zu dokumentieren. Ein Vorteil von Storytelling ist für den Mitarbeiter auch, dass er selbst außer bei den Interviews kaum Aufwand für die Dokumentation hat. Häufig scheitern Übergabedokumentationen daran, dass der Ausscheidende keine Motivation mehr hat, sein Wissen festzuhalten.

4.5   Storytelling zur Analyse der Unternehmenskultur

Werte und Einstellungen stecken unbewusst in den Köpfen der Belegschaft

Geschichten, Erlebnisse und Anekdoten, die Mitarbeiter mit ihrem Unternehmen verbinden, erzählen oft mehr über die real gelebte Unternehmenskultur, als es die eher programmatischen Leitbilder tun. Leider werden Themen wie Corporate Identity, Company Purpose, Mission Statement oder Employer Branding immer noch fast ausschließlich Top-down von Management und Führungskräften behandelt. Für eine erfolgreiche und authentische Unternehmenskultur ist es aber unabdingbar, die Perspektive der Mitarbeiter zu berücksichtigen. Werte und Einstellungen lassen sich nicht einfach abfragen, da diese oft unbewusst in den Köpfen der Mitarbeiter stecken. Eine Möglichkeit, an dieses Wissen zu gelangen, ist über Storytelling, denn mit Geschichten wird bewusst oder unbewusst ein konkretes Bild des Unternehmens gezeichnet und weitergetragen (Thier 2014).

▪ ▪ Wie lässt sich Storytelling einsetzen?

Wichtig beim Einsatz von Storytelling ist hier, zunächst das bereits vorgegebene bzw. angestrebte Unternehmensbild genau zu betrachten und vorhandene Dokumente sowie Leitbilder auszuwerten. In den Interviews werden dann Geschichten und Erlebnisse erhoben, in denen sich die (subjektiv) empfundene Unternehmenskultur der Mitarbeiter spiegelt. Ein Abgleich der mit Storytelling erhobenen Werte mit den vom Management Top-down erstellten zeigt Schnittstellen und Abweichungen auf und gibt konkrete Hinweise für die Weiterentwicklung der „realen" Unternehmenskultur.

> **Beispiel**
>
> Bei einem international tätigen Getränkehersteller hatten sich durch den Zukauf verschiedener Unternehmen im Ausland und den Wechsel der Führungsspitze zahlreiche Herausforderungen ergeben. Mit den Top-50-Führungskräften des Unternehmens wurde daraufhin eine Analyse von Werten, Strategien und Leadership durchgeführt. Neben dieser Top-down-Analyse von Werten und Strategien wollte das Unternehmen auch die Mitarbeiter in die Werteentwicklung und -analyse mit einbeziehen. Die großen Fragen waren: Wie wird die Kultur in den einzelnen Unternehmensbereichen erlebt? Welche gemeinsame, übergreifende Unternehmenskultur lässt sich erkennen? Wo sind die Schnittstellen zu den Top-down generierten Werten und Strategien? Im Rahmen einer Storytelling-Analyse wurden daraufhin 21 Einzelinterviews und 5 Gruppeninterviews in 11 Ländern und Teilbereichen des Unternehmens durchgeführt. Während der Auswertung der Erzählungen der Mitarbeiter und deren Erlebnisse mit ihrem Unternehmen zeichneten sich nach und nach übergreifende Werte rund um die Themen Marke, Produkt und Mensch ab. Sie lieferten den entscheidenden Beitrag für die Entwicklung eines ganzheitlichen Employer Brandings.

▪ ▪ Was bringt Storytelling?

Die Storytelling-Analyse bildet die inhaltliche Grundlage für den Aufbau einer authentischen, mitarbeiterbezogenen Unternehmenskultur. Ausgehend von den Ergebnissen können zahlreiche Aktivitäten, wie z. B. eine „Road-Show" des Geschäftsführers zum Einschwören auf die gemeinsamen Werte, angeregt werden.

Aufbau einer authentischen Unternehmenskultur

4.6   Storytelling in Veränderungsprozessen

Einbeziehung der Mitarbeiter in
den Veränderungsprozess

Immer wieder stehen in Unternehmen schwerwiegende Veränderungen an. Egal ob es sich dabei um Fusionen, Sanierungen, den Verkauf von Teilbereichen oder sonstige Umstrukturierungen handelt, solche Situationen stellen sowohl für die Geschäftsleitung als auch besonders für die Belegschaft schwierige Ausnahmezustände dar, die mit vielen Unsicherheiten verbunden sind. Unternehmer geben in diesen Situationen viel Geld für externe Berater aus, damit sie oft unangenehme Botschaften verkünden und Situationen wieder in den Griff bekommen. Was fast immer vergessen oder sogar bewusst vermieden wird, ist die Einbeziehung der Mitarbeiter. Sie werden mit ihren Ängsten und Unsicherheiten alleine gelassen und müssen sich auf die oft spärlichen Aussagen der Geschäftsleitung verlassen. Doch gerade jetzt benötigen sie ein verbindendes Moment, eine gemeinsame Vision, an der sie sich orientieren können. Durch den Einsatz von Storytelling in solchen Situationen kann Ängsten der Belegschaft Ausdruck verliehen werden und der Geschäftsleitung auf der anderen Seite ein Forum geboten werden, um Mitarbeiter mit ihren Vorstellungen des Veränderungsprozesses zu erreichen. Die Entscheidung zum Schreiben einer gemeinsamen Erfahrungsgeschichte in einer solchen Situation zeigt außerdem auch die Wertschätzung und das Vertrauen des Unternehmens gegenüber der Belegschaft.

▪▪ Wie lässt sich Storytelling einsetzen?

Storytelling lässt sich als begleitende Maßnahme im Rahmen des Veränderungsprozesses einsetzen. Ziel ist hier, eine von Mitarbeitern und Geschäftsleitung gemeinsam erzählte Geschichte über das Vorgehen zu erhalten. Der Prozess und das erstellte Dokument zeigen: Wir sind in einem Boot und nehmen einander ernst. Die Geschäftsleitung erfährt von den Hoffnungen, Ängsten und Gerüchten, die unter den Mitarbeitern kursieren und die Mitarbeiter erfahren die Visionen, Strategien und Wünsche der Geschäftsleitung. Diese kann auf diese Weise schneller und besser intervenieren, wenn sie über die Haltung der Mitarbeiter fundierter informiert ist. Kostspieligen „kulturellen Reparaturarbeiten", die im Anschluss an Veränderungsmaßnahmen in der Regel durchgeführt werden müssen, kann so vorgebeugt werden oder sie können deutlich eingeschränkt werden.

Allerdings ist es ganz wichtig, dass in der Erfahrungsgeschichte ehrlich miteinander umgegangen wird. Dies erfordert einigen Mut vonseiten der Geschäftsleitung.

Beispiel

Im nächsten halben Jahr sollen aus zwei Teilbereichen eines Automobilzulieferers jeweils zwei eigenständige GmbHs gebildet werden. Obwohl die Geschäftsleitung diese Entscheidung noch geheim halten will, sickern erste Hinweise zu einzelnen Mitarbeitern durch und die verschiedensten Gerüchte verbreiten sich schnell im ganzen Unternehmen. Ängste machen sich bei der Belegschaft breit: Was bedeutet dies für meinen Arbeitsplatz? Wird es Entlassungen geben? Wie werden die neuen GmbHs heißen? Wird mein Team geteilt? Wer wird mein neuer Chef? etc. Die Stimmung ist äußerst schlecht und die Geschäftsleitung steht unter Druck. Damit die Situation nicht weiter eskaliert, wird beschlossen, eine Plattform zu schaffen, um gezielt die richtigen Informationen im Unternehmen zu streuen. Teil dieser Initiative ist Storytelling. In einer von Belegschaft und Geschäftsleitung gemeinsam erzählten Erfahrungsgeschichte soll offen und ehrlich mit der neuen Situation umgegangen werden. In diesem Zuge werden Mitarbeiter unterschiedlichster Bereiche und Hierarchiestufen nach ihren Befürchtungen, Hoffnungen und Vorstellungen über die bevorstehende Aufteilung des Unternehmens befragt. Auf der anderen Seite nehmen Mitglieder der Geschäftsführung zur geplanten Maßnahme Stellung und legen dar, was sie bezwecken, was sie sich erhoffen und welche Umstellungen auf die Mitarbeiter zukommen werden. Die gemeinsame Erfahrungsgeschichte wird anschließend im Unternehmen verteilt und ist darüber hinaus im Intranet abrufbar. Auf den folgenden Betriebsversammlungen werden die Aussagen und Ideen von Mitarbeitern und Geschäftsleitung immer wieder aufgegriffen und diskutiert. Für weitere Beschlüsse, die die Teilung des Unternehmens betreffen, wurden außerdem die Inhalte der Erfahrungsgeschichte immer wieder herangezogen, um Ängste, Wünsche und Ideen der Mitarbeiter zu berücksichtigen. Auf diese Weise wird das Vertrauensverhältnis auch über diesen kritischen Veränderungsprozess hinweg nicht nachhaltig beschädigt und den Mitarbeitern ein Gefühl von Eingebundenheit vermittelt.

■ ■ Was bringt Storytelling?

Storytelling hat hier vor allem eine stark psychologische Bedeutung und dient weniger dem konkreten Ableiten von Erfahrungen und Verbesserungsideen, obwohl diese auch wichtig sind. In erster Linie geht es aber darum, das Vertrauen zwischen der Geschäftsleitung und den Mitarbeitern in der Veränderungssituation aufrechtzuerhalten. Ziel ist, unnötige Ängste auszuräumen, falschen Gerüchten vorzubeugen und Tatsachen und Maßnahmen verständlich und nachvollziehbar darzustellen. Durch die Einbindung der Mitarbeiter in die Erfahrungsgeschichte soll eine „gemeinsame" Vision von der Zukunft entstehen. Das Unternehmen demonstriert den Willen und den Mut zur Ehrlichkeit. Auf diese Art können kostspielige „Reparaturarbeiten" im Anschluss an die Veränderungsmaßnahme eingespart werden. Der Weg zurück zur Normalität gelingt schneller.

Vertrauen der Mitarbeiter gewinnen

4.7   Storytelling in der Markenführung bzw. im Brand Management

Den „Geist des Unternehmens" aufspüren und lenken

Die Stärke einer Marke besteht nicht nur in der Qualität ihrer Produkte oder Dienstleistungen, sondern auch in den Geschichten, die über sie erzählt werden. Storytelling spielt daher in der Markenführung bzw. im Management der Marke eine wichtige Rolle. Denn ein wichtiger Teil der Kommunikation über Produkteigenschaften und Produktvorteile an Zielgruppen geschieht nicht über gezielt eingesetzte Werbeprospekte, Spots oder Veranstaltungen auf Messen, sondern heutzutage immer stärker selbstorganisiert über „Mund-zu-Mund-Propaganda", z. B. in den neuen Medien wie Internetforen, Blogs, Wikis, auf Twitter oder Facebook. Dort werden Erfahrungen und Geschichten mit der Marke verbreitet. Aufgabe moderner Markenführung ist daher immer mehr, geeignete Geschichten in Unternehmen aufzuspüren und den „Strom an Geschichten" in die gewünschte Richtung zu lenken. Gelingt dies, so können Marken oder Produkte sogar zum Mythos werden, wie z. B. Apple oder der VW Käfer (s. a. Zulauf 2009; Sammer 2014).

■ ■ Wie lässt sich Storytelling einsetzen?

Bei der Suche nach geeigneten Geschichten im Unternehmen, die den „Geist des Unternehmens" widerspiegeln, kann die Storytelling-Methode eine große Hilfe sein. Gezielt wird in Interviews mit unterschiedlichsten Mitarbeitern, Kunden, Pensionären nach z. B. Heldengeschichten, Geschichten zu Statusunterschieden, Produktgeschichten, Transformationsgeschichten gesucht. Im Anschluss muss die Streuung und Positionierung dieser Geschichten sensibel unterstützt werden. Erfolgsentscheidend bleibt jedoch, dass die transportierten Werte auch wirklich (vor-)gelebt und symbolisch vermittelt werden.

> **Beispiel**
>
> Zentrale Figur eines Unternehmens für den Handel mit Montagematerialien ist der charismatische Chef, der das Unternehmen vom kleinen Familienbetrieb zum internationalen Konzern mit ca. 100 Niederlassungen in über 80 Ländern aufgebaut hat. Seine Persönlichkeit und Wertvorstellungen zu Wachstum und Leistung prägen das Unternehmen stark. Es ranken sich zahllose Geschichten und Anekdoten über ihn, die in authentischer Weise die Wertvorstellungen zum Ausdruck bringen. Intensive Befragungen der Mitarbeiter belegen dies und fast jeder im Unternehmen hat seine „Chef-Story". Durch das themenorientierte Sammeln dieser Geschichten und das verbreiten z. B. in Rundschreiben, Ton- und Videoaufzeichnungen, die in der Firmenbibliothek ausgeliehen werden können wird dieser „Mythos", in Verbindung mit der Marke, nachhaltig gestärkt. Auch bei der Übernahme des Nachfolgers achtet das Unternehmen darauf, dass dieser Mythos weiterleben kann.

■ ■ **Was bringt Storytelling?**

Marken, die als Geschichten angelegt sind, bleiben länger im Gedächtnis haften. Man kann sich einfacher an sie erinnern, als an die bloße „Faktenkommunikation". Der wichtigste Punkt ist aber, dass Geschichten die emotionale Seite in uns ansprechen. Die Neurowissenschaft ist sich heute einig, dass Informationen, die keine Emotionen in uns auslösen, kaum im Gedächtnis haften bleiben (z. B. Spitzer 2002; Damasio 2004). Für Unternehmen ist das Finden, Aufbereiten, Streuen und vor allem das Leben der „richtigen" Geschichten daher unerlässlich für ein erfolgreiches Markenbranding.

Die emotionale Seite von Marken entdecken und leben

4.8   Storytelling in der Marktforschung

Storytelling wird in der qualitativen Marktforschung immer beliebter. Vor allem wenn es um realitätsnahe, alltagsbezogene Aussagen über Kaufmotive und Handlungsentscheidungen von Konsumenten geht, werden seit Langem qualitative Methoden wie das explorative Interview oder die teilnehmende Beobachtung eingesetzt. Storytelling konzentriert sich dabei besonders auf das Erfassen von Alltagserzählungen aus relevanten Kunden- bzw. Konsumentengruppen. So lässt sich ein umfassendes Bild der Lebens- und Bedürfniswelt relevanter Gruppen erstellen und herausfinden, in welcher Form sie das Produkt in ihre eigene Erlebniswelt integrieren und welche Bedeutung es dabei für sie hat.

Erfassen der Lebens- und Bedürfniswelt von Konsumenten aus Alltagserzählungen

■ ■ **Wie lässt sich Storytelling einsetzen?**

In narrativen Interviews, die als Audio- oder Video-File aufgezeichnet werden, werden Erzählungen aus dem Umfeld der Zielgruppe gesammelt. Interessant ist: Wie kommt der Konsument zu seinem Produkt? Wie sieht die gemeinsame „Reise" aus? Wer ist beteiligt und wer spielt welche Rolle dabei (Held, Prinzessin, Magier, Gegenspieler)? Welche Stationen werden durchlaufen (Aufbruch, Prüfungen, Ziel, Rückkehr)? Welche Emotionen spielen dabei eine Rolle (Liebe, Rivalität, Freude etc.)? Welche Bedeutung hat das Produkt dabei? Was ist das Ziel und wann ist es erreicht? (Für den inhaltlichen Aufbau solcher Geschichten s. a. Campell 1999 oder McKee 2001.)

Die unterschiedlichen Geschichten werden gesammelt und nach wiederkehrenden Inhaltsmustern geclustert.

> **Beispiel**
>
> Ein Lieferant für Bio-Kisten hat seine Kernbereiche ausgebaut und möchte in diesem Zuge eine umfangreiche Marketingkampagne starten. Um zu erkennen, wo diese ansetzen soll, will er erforschen, welche Rolle sein Produkt in der Alltagswelt seiner Kunden spielt. Als Zielgruppe dienen Familien mit mittlerem und

gehobenem Einkommen. Im Rahmen von Interviews, Workshops, Gruppenexperimenten und Kunden-Blogs werden Stories und Erfahrungen mit der Bio-Kiste gesammelt, nachgespielt und erfunden. Die Auswertung zeigt, dass jeder im Familienverbund einen eigenen emotionalen Zugang zum Produkt hat. Die Mutter (Freude, Spannung, Gesundheit), Vater (sich auf Neues einstellen, mit der Zeit gehen), Kinder (Erlebnis, Naturverbundenheit). Insgesamt wird die Bio-Kiste als Helfer, als verbindendes Element in der Familie erlebt, das den Familienbund stärkt.

▪ ▪ Was bringt Storytelling?

Aus den ausgewerteten Stories lässt sich z. B. ablesen, ob das Produkt der Held der Geschichte ist oder der Helfer, der dem Held zu Ruhm und Ehre verhilft, und welche Emotionen es bei den an der Geschichte Beteiligten auslöst. Storytelling liefert ein „ganzes Bild" der Lebenswelt von Kunden im Zusammenhang mit dem Produkt. So lässt sich erkennen, welche Identität und Persönlichkeit es für die Konsumenten bzw. für bestimmte unterschiedliche Konsumentengruppen hat. Die Vermarktung kann so ganz gezielt auf die emotionalen Bedürfnisse der Zielgruppe zugeschnitten werden.

Identität und Persönlichkeit des Produkts ableiten

4.9   Storytelling im Qualitätsmanagement

Die meisten Unternehmen verfügen über ein Qualitätsmanagementsystem (z. B. nach DIN ISO oder Six Sigma). Dies sieht vor, in gewissen Zeitabständen zu prüfen, was das Unternehmen zur Verbesserung seiner Arbeitsprozesse getan hat. Meist werden dafür Methoden wie Kundenbefragungen oder interne Revisionen zu bestimmten Prozessen eingesetzt. Für viele Unternehmen reichen diese Methoden jedoch nicht aus, denn sie liefern zu wenig neue und aussagekräftige Ergebnisse. Daher sind sie ständig auf der Suche nach neuen geeigneten Methoden, die Verbesserungsansätze für ihre Arbeitsprozesse und Prozesszyklen liefern. Storytelling kann hier gute Dienste leisten, da sich in den Erfahrungsgeschichten einerseits aktuelle Schwachstellen in den Arbeitsprozessen aufzeigen und andererseits Ansätze und Ideen für deren Verbesserung ableiten lassen.

Verbesserungsansätze für aktuelle Arbeitsprozesse und Prozesszyklen

▪ ▪ Wie lässt sich Storytelling einsetzen?

Bei der regelmäßigen Durchführung von Storytelling im Rahmen des Qualitätsmanagements werden gezielt Projekte betrachtet, bei denen Arbeitsprozesse besonders reibungslos oder besonders schlecht verliefen oder bei denen neue Abläufe eingeführt wurden. Die eingehendere Betrachtung dieser Projekte mittels Storytelling liefert vielfältige Ansätze, Arbeitsprozesse zu verbessern.

Mit Storytelling sollte ein Unternehmen erst ein paar Jahre nach Einführung des Qualitätsmanagements starten, wenn alle wichtigen

Prozesse bereits dokumentiert, die gängigen Methoden eingeführt sind und der Schwerpunkt immer stärker auf den Verbesserungsprozess gelegt wird.

Beispiel

Ein mittelständisches Unternehmen ist nach DIN EN ISO 9001:2000 zertifiziert. Im Rahmen des dort verankerten kontinuierlichen Verbesserungsprozesses (KVP) muss es alle zwei Jahre nachweisen, dass es mit adäquaten Methoden seine Arbeitsabläufe verbessert hat. Die bislang eingesetzten Methoden wie Kundenbefragungen und interne Revisionen führten bisher nicht zu den gewünschten Ergebnissen und Verbesserungen. Daher beschloss man, etwas Neues auszuprobieren und die Storytelling-Methode im Rahmen des KVP-Prozesses einzusetzen. Dabei ließ das Unternehmen eine Erfahrungsgeschichte über ein gerade beendetes Projekt schreiben, bei dem sowohl die Teamgröße als auch die Komplexität eine neue Dimension angenommen hatten. Dieses Projekt kennzeichnete auch die Art und Weise, wie in Zukunft Abläufe und Arbeitsprozesse gestaltet werden. Mit Storytelling sollte aufgezeigt werden, wo sich noch Schwachstellen in den Arbeitsprozessen feststellen ließen, wo die Ursachen dafür zu suchen waren und wie man sie in Zukunft beheben könnte. Wie sich herausstellte, wurden z. B. externe Partner in bestimmte Teilprojekte noch mangelhaft eingebunden oder das Vertretungsmanagement für Projektleiter war noch nicht richtig umgesetzt. Daneben konnten zahlreiche weitere Verbesserungsideen für die unterschiedlichsten Arbeitsprozesse anhand der Projektgeschichte abgeleitet und in das Qualitätsmanagementhandbuch integriert werden. Das Unternehmen beschloss daraufhin, Storytelling als Standardmethode des KVP zur jährlichen Untersuchung eines markanten Projektes einzusetzen, um Verbesserungen für seine Arbeitsabläufe abzuleiten.

■ ■ Was bringt Storytelling?

Storytelling untersucht nicht, wie sonst bei KVP-Methoden im Qualitätsmanagement üblich, einzelne Prozesse und Arbeitsschritte, die verbessert werden sollen, sondern betrachtet Abläufe im Unternehmen prozessübergreifend anhand von Beispielprojekten. Dadurch können auch solche Schwachstellen, Erfolgsstrategien und Verbesserungsideen erkannt und ins Qualitätsmanagement übernommen werden, die mit anderen Methoden erst gar nicht aufgedeckt werden. Außerdem wird die Dringlichkeit für Maßnahmen durch die Schilderung der realen Erlebnisse durch Beteiligte in viel eindrücklicherer Weise demonstriert als mit reinen Maßnahmenkatalogen.

Betrachtung von Abläufen über Prozessgrenzen hinweg

4.10   Storytelling in Netzwerken, Clustern und Kooperationen

Zur Bewältigung großer Aufträge oder zur Erschließung neuer Geschäftsfelder wird es für Unternehmen immer wichtiger, kurz- oder langfristige Netzwerke, Cluster bzw. Kooperationen mit Partnern einzugehen. Aufgrund der oft erheblichen Unterschiede in der Unternehmenskultur, verschiedenen Erfahrungen mit dem Arbeitsgegenstand und abweichender gegenseitiger Erwartungen gestaltet sich die Arbeit in solchen Gemeinschaften oftmals schwierig. Eine wichtige Rolle spielt auch hier das gegenseitige Vertrauen. Doch gerade beim Aufbau eines vertrauensvollen Verhältnisses zu Beginn einer Kooperation wird meist an Geld und Zeit gespart.

Erwartungen, Ziele und Kompetenzen der Partner offenlegen und diskutieren

Durch den Einsatz von Storytelling können die unterschiedlichen Erwartungen, Ziele und Kulturen der Partner offengelegt und diskutiert werden. Dadurch wachsen das gegenseitige Verständnis und das Vertrauen unter den Partnern.

■■ **Wie lässt sich Storytelling einsetzen?**

Die Storytelling-Methode lässt sich besonders gut zu Beginn der gemeinsamen Arbeit einsetzen oder aber als feste Institution einrichten, so lange das Netzwerk, die Kooperation besteht. Zunächst werden die unterschiedlichen Ziele, Erfahrungen und Erwartungen abgefragt und diskutiert, damit möglichst schnell eine gut funktionierende Partnerschaft aufgebaut werden kann. Während des Bestehens der Zusammenarbeit hat die Erfahrungsgeschichte die Funktion eines Sprachrohrs für die Partner, mit deren Hilfe über Probleme, unerklärliches Verhalten sowie Tipps und Tricks für eine bessere Zusammenarbeit gesprochen wird.

> **Beispiel**
>
> Um das „Facility"-Management für das Bürogebäude eines großen Kunden übernehmen zu können, beschließt ein mittelständisches Unternehmen der Elektrobranche, eine längerfristige Kooperation mit einem Wettbewerber einzugehen, da das Angebotsvolumen für ihn alleine zu groß ist. Anfänglich herrscht große Skepsis darüber, ob die Kooperation gelingen wird. Bislang war man auf dem Markt als Konkurrenz aufgetreten und nun soll zusammengearbeitet werden. Um das Vertrauen zum neuen Partner zu stärken und um die unterschiedlichen Erwartungen, Ziele, aber auch Kompetenzen genauer kennenzulernen, beschließt der Geschäftsführer Storytelling einzusetzen. In der Erfahrungsgeschichte berichten Mitarbeiter beider Unternehmen über ihre Arbeitsweisen, was sie sich von der Kooperation erhoffen, welche Befürchtungen sie haben und was sie sich vom Partner wünschen. In einer gemeinsamen Gesprächsrunde werden die Themen aufgegriffen und diskutiert. Dies führt bereits zu Beginn der Kooperation dazu, dass heikle

Themen angesprochen werden und kostspieligen Problemen, vor allem im zwischenmenschlichen Bereich, vorgebeugt werden kann. Im Verlauf der Kooperation setzt das Unternehmen immer wieder Storytelling ein, wenn Probleme auftreten.

■ ■ Was bringt Storytelling?

Kooperationen oder Cluster scheitern häufig daran, dass die „Chemie" unter den Partnern nicht stimmt. Fehlendes Vertrauen und mangelnde Investition in Teambildungsmaßnahmen und Einarbeitung haben oft kostspielige Folgen. Mit Storytelling wird die zwischenmenschliche Seite besser thematisiert und eine gemeinsame Vorstellung der Erwartungen, Ziele und Arbeitsweisen der Partner entwickelt.

Kostensenkung für Probleme im zwischenmenschlichen Bereich

4.11 Storytelling im Konfliktmanagement

In Unternehmen arbeiten Menschen mit ganz unterschiedlicher Ausbildung, Herkunft und kultureller Prägung zusammen. Dass es dabei zu Konflikten und Missverständnissen kommt, ist verständlich. In jedem Unternehmen kursieren zahlreiche Geschichten und Anekdoten über typische Konfliktfelder, wie z. B. Verweigerung von Weisungen der Führungskraft, das „schwarze Schaf" im Team, unterschiedliches Rollenverständnis bei der Ausführung von Projekten. Diese werden von Mitarbeiter zu Mitarbeiter weitergegeben und dienen als Beispiel dafür, welche Form von spezifischen Konfliktsituationen auftauchen kann und welche Verhaltensweisen dabei zu Lösungen bzw. welche zur Verstärkung der Konfrontation im Unternehmen führten.

Mit Storytelling wird es möglich, die im Verborgenen wirkenden, zu Konflikten führenden Einstellungen und Wahrnehmungen unterschiedlicher Beteiligter aufzudecken und nachvollziehbar in Form einer gemeinsam erzählten Geschichte aufzuarbeiten.

Mit Humor, Verfremdung und Distanz Teamkonflikten begegnen

■ ■ Wie lässt sich Storytelling einsetzen?

Storytelling lässt sich hier sowohl präventiv einsetzen, also wenn z. B. zu Projektbeginn bestimmte Konfliktfelder zu erwarten sind, als auch bei akut auftretenden Konflikten, wenn das Kind bereits in den Brunnen gefallen ist und verhärtete Fronten bestehen. Bei der methodischen Arbeit zur Konfliktlösung können Erfahrungsgeschichten, z. B bei Coaching-Gesprächen oder Teamworkshops, eingesetzt werden.

> **Beispiel**
>
> Ein international tätiger Triebwerksbauer baut unter der Leitung eines fünfköpfigen Teams gemeinsam mit einem externen Kooperationspartner eine komplexe Fertigungshalle. Während

der Bauphase kam es wiederholt zu Konflikten im Team über folgende Themen: diffuses Rollenverständnis (Wer ist im Projekt für was zuständig?), Kooperation (Auseinandersetzungen mit dem externen Partner), Führungsstil (der kooperative Führungsstil bereitete einigen Mitarbeitern Schwierigkeiten), Wertschätzung (Wer erhält von wem für was Anerkennung?). Da verschiedene Konfliktlösungsmethoden und direkte Konfrontation bislang ohne Erfolg blieben und ähnliche Themen in fast allen Projekten auftauchten, beschloss man diese mit Hilfe von Storytelling genauer zu analysieren. Schnell wurde dabei in den Interviews mit den Beteiligten klar, dass die Themen zu heikel waren, um sie in einer authentischen Geschichte zu erzählen. Daher wurden die Erlebnisse und Wahrnehmungen der Beteiligten in ein analoges Setting überführt und archetypische Protagonisten erstellt, die ganz ähnliche Konflikte erleben. Entstanden ist eine Comic-basierte Erfahrungsgeschichte, die auf humorvolle Weise, die vorhandenen Konfliktthemen aufgreift. In Workshops mit externer Moderation wurde die Erfahrungsgeschichte im Team vorgestellt und besprochen. Dabei befanden sich die Teilnehmer zunächst in der fiktiven Welt der Protagonisten und überlegte sich Lösungen für deren Probleme. Anschließend fand eine Übertragung in die „reale Welt" statt und konkrete Verbesserungsansätze für die Zusammenarbeit im eigenen Team konnten in einer konstruktiven Atmosphäre erarbeitet werden.

▪▪ Was bringt Storytelling?

Storytelling bzw. Erfahrungsgeschichten bieten die nötige Distanz, um auch über heikle Themen sprechen zu können. Sie bieten den Beteiligten die Möglichkeit einen anderen Blickwinkel auf eigene erlebte Konflikte zu erhalten und Verständnis für das Verhalten von anderen zu erlangen, was langfristig in eine Verhaltensänderung münden kann. Die Stilmittel Humor, Distanz und Verfremdung in den Geschichten helfen dabei (Thier u. Erlach 2013).

Mögliche Anwendungsbereiche von Storytelling

- Storytelling im **Wissensmanagement** (zur Ergänzung faktenorientierter Instrumente, um Erfahrungen, Tipps und Tricks von Mitarbeitern zu sichern)
- Storytelling für das **Projekt Debriefing** (zur standardisierten Erfassung von Projekterfahrungen)

- Storytelling zur **Dokumentation wichtiger Projekte** (um aus gemachten Fehlern zu lernen und Erfolgsstrategien auf ähnliche Projekttypen zu übertragen)
- Storytelling bei **„Leaving Experts"** (zur Sicherung und Dokumentation der Erfahrungen ausscheidender Mitarbeiter)
- Storytelling zur **Analyse der Unternehmenskultur** (zur Erhebung der „realen" Unternehmenskultur aus Sicht der Mitarbeiter)
- Storytelling in **Veränderungsprozessen**(zur Entwicklung einer von Geschäftsleitung und Mitarbeitern gemeinsam getragenen Vision der Zukunft)
- Storytelling in der **Markenführung bzw. Brand Management** (finden und stärken des einzigartigen „Mythos" des Unternehmens für ein erfolgreiches Branding)
- Storytelling in der **Marktforschung** (für die Entwicklung einer auf die emotionalen Bedürfnissen der Konsumenten zugeschnittenen Vermarktung)
- Storytelling im **Qualitätsmanagement**(als Methode des Kontinuierlichen Verbesserungsprozesses, KVP)
- Storytelling in **Netzwerken, Clustern** und **Kooperationen** (um die „zwischenmenschliche" Seite der Zusammenarbeit zu bearbeiten und gegenseitiges Vertrauen zu schaffen)
- Storytelling im **Konfliktmanagement** (zur Selbstreflexion und zur Erlangung von Verständnis für das Verhalten anderer)

Die oben aufgeführten Anwendungsbereiche sind als Beispiele zu verstehen. Selbstverständlich lässt sich die Storytelling-Methode auch in anderen Kontexten sinnvoll einsetzen. Die Unternehmenstypen und Branchen, die als Beispiele dienten, sind ebenfalls exemplarisch zu sehen.

Generell lässt sich sagen, dass Storytelling vor allem für folgende Unternehmen geeignet ist: projektgetriebene Unternehmen, Unternehmen, die vor größeren Veränderungen stehen, und allgemein Unternehmen, die ihre Prozesse und Abläufe langfristig optimieren möchten und bereit sind, auch neue, ungewöhnliche Wege dabei zu gehen.

Storytelling eignet sich besonders für projektgetriebene Unternehmen

Obwohl Storytelling für jeden Mitarbeiter interessant sein kann, ist nach wie vor zu beobachten, dass das Interesse für Storytelling vor allem innerhalb der Führungsebene gegeben ist. Für die immer noch eher unkonventionelle Methode ist es wichtig, Unterstützung „von oben" zu erhalten. Auf der Ebene der Führungskräfte und der Mitarbeiter sind es vor allem folgende Personengruppen, für die Storytelling einen Mehrwert darstellt:

Personengruppen, für die die Storytelling-Methode besonders interessant ist

- **Geschäftsführer und Führungskräfte:** Storytelling ist für die gesamte Führungsebene von Interesse, weil es Unternehmen ermöglicht, aus gemachten Fehlern für die Zukunft zu lernen und Erfolgsstrategien weitläufig einzusetzen.
- **Personalmanager, Personalbeauftragte:** Für Leiter und Mitarbeiter der Personalabteilung ist Storytelling interessant, wenn Veränderungsprozesse im Unternehmen anstehen und man sowohl Führungsebene als auch Mitarbeiterebenen in den Prozess mit einbeziehen möchte, aber auch generell als innovative Methode, Wissen und Erfahrungen zu sichern, zu dokumentieren und zu übertragen.
- **Wissens- und Qualitätsmanagementbeauftragte:** Immer dann, wenn auf reinen Daten und Fakten basierende WM- und QM-Tools an ihre Grenzen stoßen, wird der Einsatz von Storytelling interessant, um qualitative Inhalte wie Erfahrungen, Anekdoten, Tipps und Tricks einzubinden.
- **Projektleiter:** Besonders in schwierigen Situationen und bei zwischenmenschlichen Problemen kann der Einsatz von Storytelling für Projektleiter interessant sein, um das Projekt wieder unter Kontrolle zu bekommen.
- **Vertriebsleiter:** Gerade im Vertrieb, im direkten Kundenkontakt, spielen Erfahrungen und das spezielle Wissen über die Wünsche und Vorlieben von Kunden eine große Rolle. Für Vertriebsleute sind daher Erfahrungsgeschichten von großem Mehrwert.

Evaluation und Wirksamkeit von Storytelling

© Springer-Verlag Berlin Heidelberg 2017
K. Thier, *Storytelling*,
DOI 10.1007/978-3-662-49206-2_5

Den verborgenen Wissensschatz heben und sichern. (© Armbruster)

Über Praxistauglichkeit und Wirksamkeit des Methodeneinsatzes liegen Forschungsergebnisse vor

Über die hier vorgestellte Storytelling-Methode liegen bereits zahlreiche Erfahrungen aus Forschung und Praxis vor. Sowohl die Handhabung der Methode, die Praxistauglichkeit der Beschreibungen und Checklisten als auch die Wirksamkeit der Ergebnisse des Methodeneinsatzes im Unternehmen wurden bereits untersucht. Nachfolgend werden die wichtigsten Ergebnisse vorgestellt.

Im Anschluss daran kommen Personen aus Praxis und Forschung zu Wort, die über ihre Erfahrungen und Eindrücke mit dem Einsatz der Storytelling-Methode berichten.

5.1 Wissenschaftliche Untersuchungen über Praktikabilität und Wirksamkeit

5.1.1 Evaluation der Handhabung der Methode

Im Rahmen einer zweijährigen Studie, die in Kooperation der Universität Augsburg (Professur für Medienpädagogik) mit einem Softwareunternehmen durchgeführt wurde, konnten die einzelnen Schritte der Storytelling-Methode unter dem Gesichtspunkt ihrer Effizienz und Verwendbarkeit für Unternehmen eingehend untersucht und bewertet werden. Der Einsatz und die Evaluation der Methode wurden von Personen durchgeführt, denen diese zuvor nicht vertraut war. Ziel war es festzustellen, ob die Storytelling-Methode auch ohne vorherige Erfahrungen im Einsatz narrativer Methoden durchgeführt werden kann.

Wie die Bewertungen der einzelnen Vorgehensschritte und Phasen zeigte, sind die dargestellten Abläufe, Beschreibungen und Checklisten der Methode durchaus einfach zu handhaben und in den unterschiedlichsten Kontexten erfolgreich einsetzbar. Jedoch ist eine Begleitung des Einsatzes durch erfahrene Storytelling-Experten, besonders wenn es sich um den ersten Methodeneinsatz im Unternehmen handelt, wünschenswert. Dies zeigte sich vor allem in der Tatsache, dass die Evaluatoren im Verlauf des Einsatzes immer wieder Rücksprache mit Storytelling-Experten hielten. Besonders beim Schreiben der Erfahrungsgeschichte reichten Beschreibungen alleine oftmals nicht aus.

> Besonders beim ersten Methodeneinsatz ist die Unterstützung durch Experten unerlässlich

Denn trotz noch so vieler eingehend getesteter und optimierter Vorgehensschritte und Vorlagen gibt es eine „natürliche" Grenze, unterstützende Materialien zur Durchführung der Storytelling-Methode bereitzustellen. Es wird immer ein gewisses Maß an Gespür für eine gute Geschichte und die Aufbereitung von sowohl spannenden als auch lehrreichen Erfahrungen brauchen und dies kann nur bedingt durch Vorgehensbeschreibungen unterstützt werden. Deshalb ist es wichtig, dass sich Personen ohne Erfahrung Rat bei Experten holen können.

Es zeigte sich auch, dass es von Vorteil ist, wenn Personen, die Storytelling einsetzen, über grundlegende Kenntnisse in der Führung und Auswertung von Interviews verfügen und mit der Interpretation von Zitaten vertraut sind. Daneben sind auch persönliche Fähigkeiten, wie z. B. Einfühlungsvermögen in Personen und Situationen, wichtig, um Zugang zu den Gesprächspartnern zu finden.

> Es bedarf neben methodischen Kenntnissen auch Einfühlungsvermögen in Menschen und Situationen, um Storytelling durchzuführen

Am erfolgreichsten war der Methodeneinsatz immer dann, wenn interne Mitarbeiter (z. B. aus dem Personalbereich) während der Durchführung der einzelnen Schritte von externen Storytelling-Experten unterstützt wurden. Als besonders fruchtbar zeigte sich auch die Außenperspektive auf die untersuchten Projekte und Prozesse, die durch die externen Experten mit einfloss.

Weitere und ausführlichere Informationen zur Evaluation der Praktikabilität und Effizienz der Storytelling-Methode lassen sich in *Die Entdeckung des Narrativen für Organisationen. Entwicklung einer effizienten Story Telling-Methode* (Thier 2004) nachlesen.

5.1.2 Wirksamkeit der Ergebnisse des Methodeneinsatzes

In einer weiteren Untersuchung der Storytelling-Methode, die von Christine Erlach ebenfalls in Kooperation mit der Universität Augsburg bei einem Stahlhersteller durchgeführt wurde, war das Ziel, u. a. die Wirksamkeit der Methode für die Nutzer der Erfahrungsgeschichte zu beurteilen und festzustellen, ob sich tatsächlich Erfahrungen mit Storytelling übertragen lassen. Dabei wurde in einer Befragung der Nutzen der Geschichte gemessen, ob und welches Wissen sich über die Erfahrungsgeschichte verbreiten ließ, und welche Auswirkungen der Einsatz von Storytelling im Unternehmen hatte.

Durch Storytelling werden kritische Themen greifbar, kommunizierbar und damit veränderbar

Insgesamt ließ sich feststellen, dass die Inhalte der Erfahrungsgeschichte von den Lesern zwar meist als „nichts Neues" angesehen wurden (z. B. war die thematisierte, misstrauische Grundhaltung gegenüber Zulieferern bereits bekannt), jedoch bekamen die Inhalte durch das Erfahrungsdokument ein Gesicht, das greifbar, kommunizierbar und damit veränderbar wurde. Insgesamt konnte eine Wirksamkeit von Storytelling hinsichtlich folgender Punkte festgestellt werden (Erlach u. Thier 2004):

Wirksamkeit von Storytelling
- **Storytelling dient der Bewusstmachung**: Bisher nicht oder ungenügend beschriebene Themen werden verbalisiert. Storytelling gibt für viele einen Denkanstoß.
- **Storytelling schafft Sensibilisierung für unternehmenskulturelle Themen und für Mitarbeiter anderer Bereiche**: Durch Storytelling wird mehr darauf geachtet, ob die in der Geschichte angesprochenen Themen auch im eigenen Umfeld auftreten und was dies bedeutet. Darüber hinaus wächst durch die Darstellung verschiedener Sichtweisen innerhalb der Erfahrungsgeschichte das Verständnis und die Akzeptanz für das Verhalten anderer.
- **Storytelling fördert die Kommunikation:** Allgemein findet durch Storytelling deutlich mehr Austausch über bestimmte heikle Themen zwischen den Beteiligten statt. Das führt zu

der Erkenntnis, mit einer Meinung nicht alleine dazustehen. Auch wird die Kritikfähigkeit im Team verbessert.

- **Storytelling bietet einen Ansatz für konkrete Verhaltensänderungen:** Änderungen im Verhalten der Beteiligten werden durch das Erfahrungsdokument und den Workshop angeregt, müssen aber auch nachhaltig in der Projektkultur verankert werden.

Insgesamt wurde deutlich, dass Storytelling besonders bezogen auf die internen Lern- und Veränderungsprozesse der Befragten wirksam war. So kam es bei fast allen durch Storytelling zu Veränderungen der Wahrnehmung, der Akzeptanz, der Einstellung und des Verständnisses für bestimmte Prozesse, Problematiken oder Personengruppen, die in der Erfahrungsgeschichte beschrieben wurden (Erlach u. Thier 2004).

Besonders die internen Lern- und Veränderungsprozesse werden angesprochen

5.2 Stimmen aus der Praxis

Neben wissenschaftlichen Untersuchungen und Evaluationen der Storytelling-Methode ist es jedoch vor allem die Praxis, an der sich die Methode messen lassen muss. Darum kommen an dieser Stelle Personen zu Wort, die die Methode in ihrem Unternehmen oder ihrer Organisation eingesetzt haben bzw. die als Teilnehmer an der Durchführung von Storytelling beteiligt waren.

Zunächst ist dabei sicher die Frage interessant, worin für Unternehmen überhaupt die **Motivation** bestand, in die Arbeit mit Geschichten zu investieren, und das noch dazu in wirtschaftlich instabilen Zeiten? Dazu die Stimmen zweier Entscheider, die Storytelling in ihrem Unternehmen eingesetzt haben:

Was motiviert Unternehmen?

» Mir war die Storytelling-Methode zunächst unbekannt, aber schnell leuchteten mir die Möglichkeiten der Methode ein, ‚weiches Wissen' in Unternehmen nutzbar zu machen. FAST ist ein stark projektgetriebenes Unternehmen, deshalb ist es für uns essentiell, auch das weiche Wissen innerhalb der Projektarbeit zu nutzen und ständig zu verbessern. Doch hierfür hatten wir bisher keine Methoden.
(Prof. Dr. Rudolf Haggenmüller, Geschäftsführer der F.A.S.T. GmbH; gehört heute zur NTT DATA GmbH)
» Storytelling war die Methode der Wahl für den Bereich „Lessons Learned". Die voestalpine versprach sich davon, den Erfahrungsschatz der Mitarbeiter zu heben, denn das Heben und Weitergeben von technischem Wissen können wir! Aber Erfahrungswissen ist eine völlig andere Sache!
(Dr. Angelika Mittelmann, Fachverantwortliche Wissens-/ Kompetenzmanagement der voestalpine Stahl GmbH)

Was ist das Besondere?

Unternehmen, die Storytelling durchführten, haben sich vor Projektbeginn meist intensiv mit dieser Form von Wissensübermittlung auseinandergesetzt. Eine weitere Frage lautet daher: Was ist für sie **das Besondere an Storytelling** und was grenzt diese Methode von anderen Techniken und Instrumenten ab? Hierzu Meinungen aus Praxis und Wissenschaft:

» Storytelling ermöglicht es, wirklich jeden Teilnehmer an einem Projekt zu erreichen und seine verborgenen Wissensschätze ans Licht zu holen. Ich denke da besonders auch an die eher ‚unscheinbaren' Mitarbeiter, denen es nicht so leicht wie anderen fällt sich auszudrücken, die aber oft so immens Wichtiges zu sagen haben. Zum anderen die Möglichkeit der ‚Erfahrungs- aneignung', des Begreifens (auch der eigenen Erfahrung) durch den Austausch mit den anderen Projektteilnehmern. Was ich durch die Brille der anderen an meiner eigenen Erfahrung reflektiere, das behalte ich besser und das lässt sich gut in andere Situationen transferieren: Das ist wirklich verstanden und gelernt. (Fritz Rainer Pabel, Head of Knowledge Management bei T-Mobile International AG & Co. KG)

» Das Besondere an Storytelling ist der Versuch, eine genuin menschliche Neigung, nämlich das Erzählen, zu fördern, um auf diesem Wege zwei Dinge zu erreichen, die in Organisationen oft diametral gegenüberstehen, nämlich: einen Nutzen für die Organisation zu stiften, indem vor allem schwer artikulierbares Erfahrungswissen zugänglich gemacht, geteilt und umsetzbar wird und gleichzeitig dem Individuum zu dienen, indem persönliche und soziale Bedürfnisse berücksichtigt und den Erfahrungen des Einzelnen die notwendige Wertschätzung entgegengebracht wird ... Der größte Nutzen von Storytelling liegt für mich darin, dass diese Form des narrativen Umgangs mit Wissen aufgrund seiner Doppelfunktion für Mensch und Organisation zumindest einen kleinen Beitrag zu einem stärker humanen und verstehenden Wissensmanagement leisten kann. (Prof. Dr. Gabi Reinmann, Professorin am Hamburger Zentrum für Universitäres Lehren und Lernen (HUL))

Erfahrungen der Unternehmer

Noch immer gilt der Einsatz von Storytelling als exotisch. Daher ist es spannend zu erfahren, welche **Reaktionen** und **Erfahrungen** es in Bezug auf Storytelling im Unternehmen gibt:

» Bei uns gab es mehrere Bespiele, bei denen Storytelling Dinge aufdecken konnte, die sehr wichtig für uns sind: Als z. B. zwei wichtige Projektleiter von uns gleichzeitig auf eine wichtige Java-Konferenz fahren wollten, entstand eine schwierige Situation, deren Konsequenzen wir erst durch die Erfahrungsgeschichte alle so richtig verstanden haben. Denn für die Vertreter dieser Projektleiter entstand eine kaum zu meisternde Situation, die wir nur schwer vor dem Kunden verbergen konnten. So etwas darf eigentlich nicht passieren. Aus der Dokumentation dieser Erfahrung haben wir konkrete Maßnahmen, z. B. zu Vertretungsmanagement abgeleitet, von denen künftig auch andere Mitarbeiter profitieren können, die sich in ähnlichen Situationen befinden. (Prof. Dr. Rudolf Haggenmüller, Geschäftsführer der F.A.S.T. GmbH; gehört heute zur NTT DATA GmbH)

» Das Thema Storytelling habe ich im Rahmen des Knowledge Master erlebt (einem Weiterbildungsprogramm, das aus der Zusammenarbeit zwischen Hochschule und Industrie entstanden ist, Anm. der Autorin). Hier war ich einer der „Interviewten" und in der Tat waren die Ausfertigungen – also die Kurzgeschichten am Ende – spannend zu lesen. Ebenso spannend ist auch der Einsatz der Ergebnisse, also wie es dann mit den Geschichten weitergeht. (Hartmut Krause, Senior Manager Corporate Information Office der Siemens AG)

» Meine Erfahrung mit Storytelling im weitesten Sinne (also im Sinne von Erzählen und dem Einsatz von Geschichten) ist, dass zum Erzählen auch das Zuhören gehört, dass nur verändern kann, wer auch verstanden hat, und dass Unternehmen lernen müssen, Zeit zu gewähren, um erzählen, um zuhören und um verändern zu können. (Prof. Dr. Gabi Reinmann, Professorin am Hamburger Zentrum für Universitäres Lehren und Lernen (HUL))

Wie sieht es mit der **Nachhaltigkeit** der Methode im Unternehmen aus? Bleibt es bei einmaligen Einsätzen oder wird Storytelling in weitere Teile und Prozesse des Unternehmens integriert?

Die Zukunft des Storytelling

» Wichtig ist, die Methode des Storytelling für die Zukunft aus dem ‚Exotenstatus' herauszuholen und gezielt mit Wissensmanagement und Qualitätsmanagement in Unternehmen zu verbinden. Hier kann ein hohes Potential für Unternehmen gesehen werden. Ich könnte mir vorstellen, dass Storytelling zukünftig ein fester Bestandteil des KVP (kontinuierlicher Verbesserungsprozess) im Rahmen des Qualitätsmanagements nach ISO 9001 werden könnte. F.A.S.T möchte jedenfalls auch künftig mit der Storytelling-Methode weiterarbeiten. (Prof. Dr. Rudolf Haggenmüller, Geschäftsführer der F.A.S.T. GmbH; gehört heute zur NTT DATA GmbH)

» Wir werden Storytelling Schritt für Schritt in unsere Projektarbeit einführen: als Briefing-durch-Debriefing bei Projekt-Starts; bei längerfristigen Projekten als Zwischendebriefings; bei Projektende zum Vertiefen und Teilen der gemachten Erfahrungen und wir sehen das erstellte Erfahrungs-Dokument als Ergänzung zum Projektabschlussbericht. (Fritz Rainer Pabel, Head of Knowledge Management bei T-Mobile International AG & Co. KG)

>> Voest befindet sich in der ‚Zeit der Ernte': Wir ernten die Früchte
aus der Geschichte. Das sieht man z. B. an der Tatsache, dass die
Personalentwicklung einen Auftrag vom Projektteam bekommen
hat, Coaching anzubieten und ein Teamentwicklungs-Konzept
zu entwickeln und zu implementieren. Darüber hinaus soll
die Personalentwicklung für alle Großprojekte ein Konzept für
Teamentwicklung erarbeiten. Der vorhandene Projektmanage-
ment-Leitfaden, der auch stark in der Weiterbildung verankert
ist, soll um die Erfahrungen aus dem Storytelling-Projekt
ergänzt werden. Die Lehren der Geschichte sollen also fix in
den PM-Leitfaden eingebaut werden. … Voestalpine hat für
Storytelling die Plankosten des untersuchten Gesamtprojektes
herangezogen: Wenn nur 0,5% eingespart werden können, dann
ist das Gesamtbudget für Storytelling schon wieder drin.
(Dr. Angelika Mittelmann, Fachverantwortliche Wissens-/
Kompetenzmanagement der voestalpine Stahl GmbH)

Was sagen die Teilnehmer? Letztendlich sind es neben den Entscheidern, Personal- und Wissens-
managementbeauftragten in Unternehmen die **Mitarbeiter**, die den
Erfolg des Storytelling-Einsatzes beurteilen. Denn sie sind es, die direkt
mit der Storytelling-Maßnahme in Berührung kommen und von ihr
profitieren sollen. Zu guter Letzt daher ein paar ausgewählte Reaktionen aus dem Kreis der Teilnehmer:

>> Die Beteiligten sagten zum Storytelling, dass sie endlich
mitbekommen hätten, dass sie mit ihrer Meinung nicht alleine
dastehen und dass sie auf der anderen Seite aber auch andere
Perspektiven und Sichtweisen kennengelernt hätten: ‚Aha, diese
Position gibt es also auch noch!', war ihre Reaktion.
(Dr. Angelika Mittelmann, Fachverantwortliche Wissens-/
Kompetenzmanagement der voestalpine Stahl GmbH)
Storytelling bietet die wunderbare Möglichkeit, in die Haut
anderer Projektteilnehmer zu schlüpfen und aus einer neuen,
breiteren, objektiveren Perspektive nützliche Lehren und
hilfreiche Denkanstöße für die weitere Arbeit zu ziehen.
(Teilnehmer des Storytelling-Pilotprojektes bei T-Mobile
International)
>> A good opportunity for team to celebrate successes and identify
failures. – Found methodology to be ‘excellent'. – Was very positive
about how debriefing had brought closure to project and showed
the participants in a 'non-threatening way' where they stand in
regards to the project's future.
(Drei Teilnehmer von Initial-Debriefing-Projekten bei T-Mobile
International)
>> Schon das Interview war interessant, denn die Fragen brachten
mich zum Nachdenken und Reflektieren. Ich war sehr gespannt
auf die Aussagen der anderen im Erfahrungsdokument!
(Projektleiter bei der Deutsche Post World Ne)

Durchführung der Storytelling-Methode

© Springer-Verlag Berlin Heidelberg 2017
K. Thier, *Storytelling*,
DOI 10.1007/978-3-662-49206-2_6

Die Erfahrungsgeschichte – der etwas andere Projektbericht. (© Armbruster)

Die im Folgenden beschriebenen Prozessschritte der Storytelling-Methode wurden von den Mitarbeitern von NARRATA Consult bei den Praxiseinsätzen in Unternehmen immer wieder verbessert, angepasst und modifiziert.

Bevor die einzelnen Prozessschritte der Storytelling-Methode beschrieben werden, werden drei grundsätzliche Fragen beantwortet, die vor Beginn eines Storytelling-Einsatzes immer wieder gestellt werden.

▪ ▪ Kann man durch das Abarbeiten von Prozessschritten überhaupt eine faszinierende Erfahrungsgeschichte erhalten?

Gute Geschichten haben ein magisches Moment

Gute Geschichten haben immer ein magisches Moment, etwas, das den Leser fesselt, ihn an etwas Bestimmtes erinnert, Gefühle wie Freude oder Ärger weckt oder „Aha-Erlebnisse" hervorruft. Genau dieses magische Moment ist es, das Geschichten von nüchternen Berichten, Statistiken und Handbüchern, die in der Arbeitswelt vorherrschen, unterscheidet.

Meistens werden Mitarbeiter in Unternehmen dazu aufgefordert, ihr Wissen in einen bestimmten vorgegebenen sachlichen Rahmen wie Projektmanagementhandbücher, Abschlussberichte oder Protokolle zu pressen. Dies sind in der Regel leblose Informationsschnipsel. Der Leser muss erst dazu animiert werden, dieses Wissen allmählich mit den eigenen Erfahrungen zu verknüpfen, um so seinen Horizont zu erweitern. Wissen mittels Geschichten weiterzugeben bedeutet hingegen, das Wissen direkt an Gefühlszustände und konkret vorstellbare Kontexte zu binden und so einen direkten Weg zum Erfahrungshorizont des Lesers herzustellen. Die Magie von Geschichten haben übrigens auch schon einige Naturwissenschaftler entdeckt, die in ihren wissenschaftlichen Veröffentlichungen mit ähnlichen Problemen zu kämpfen haben:

» Ich gehe mal davon aus, dass der Poseidonmythos eine Erkenntnis über Erdbeben beinhaltet und in dieser Darstellungsform die gut zu fassen kriegt. Und dieser Aspekt der Gewalt, der Aspekt des Überwältigt-Seins ist durch eine personelle Situation oder in einem bärbeißigen, altmodischen, mit einem langen Bart, Mann, der mit einem Pferdewagen da durch die Wogen des Meeres reitet, irgendwie ein unheimlich starkes Bild, dass man versteht, wie so ein Erdbeben funktioniert. Also wenn Sie in einem Erdbeben sind, dann fühlt sich das eher an wie Poseidon als wie in so einem wissenschaftlichen Artikel, das muss man schon sagen. … Und insofern ist das eine Form von Wissen.
(Aus der Radiosendung „Eine Philosophie der Erdbeben", auf SWR 2, am 26.10.2004, um 8:30 Uhr, von Falk Fischer; erzählt von Florian Dombois, Leiter des Instituts für Transdisziplinarität Y in Bern)

Letztlich geht es dem Storytelling, wie es im Folgenden vorgestellt wird, darum, Erkenntnissen und Erfahrungen in verständliche, nachvollziehbare und packende Szenarien zu übersetzen, die der Leser direkt in seinen eigenen Erfahrungshorizont einordnen und damit nutzen kann.

Um Geschichten die oben erwähnte Magie einzuhauchen, müssen Geschichtenschreiber so etwas wie Zauberer mit Worten sein. So oder ähnlich stellen sich viele das Bild von Autoren, Schriftstellern und Publizisten vor. Aber ist es denn wirklich Magie oder ein besonders Talent, das den guten Geschichtenschreiber ausmacht? Hier sei der Vergleich mit der „wirklichen" Zauberei erlaubt: Wir schauen Zauberern mit großen Augen zu, wie sie mit erstaunlicher Leichtigkeit und Fingerfertigkeit Bälle, Tauben und gar Menschen hervor- und wegzaubern können und fragen uns verwundert: „Wie machen sie das bloß?" Was wir höchstens erahnen, aber nicht sehen können, sind das oft jahrelange Training, die harte Arbeit und nicht zuletzt die Zauberbücher und Utensilien, die sie unterstützen und ihnen zahlreiche Ideen liefern. Dies, gepaart mit der persönlichen Ausstrahlung und dem Vermögen, Kontakt zum Publikum herzustellen, macht ihren Erfolg erst aus.

Auch bei der Methode Storytelling machen die aufgezeigten Abläufe, Checklisten und Prozessschritte nur einen Teil des Ganzen aus. Sie sollen Interessierten helfen, den ersten Schritt zu wagen, und Unterstützung bei der Durchführung von Storytelling bieten.

Aber diese gewisse Prise Magie, die letztendlich den mitreißenden Moment einer Geschichte ausmacht, ist auch durch die besten

Es braucht unterstützende Tools gepaart mit Erfahrung und Kreativität

Beschreibungen und Instrumente nicht steuerbar, sondern beruht auf dem Zusammenspiel vielerlei Faktoren wie Übung, Kreativität, Interesse, sich in Mitarbeiter und Teams hineinzuversetzen und dem Gefühl dafür, Sachverhalte und menschliche Emotionen und Erfahrungen aufzuspüren und darzustellen.

Fast 20 Jahre Einsatzerfahrung vom Handwerksbetrieb bis zum internationalen Konzern

Knapp 20 Jahre Einsatzerfahrungen mit der Storytelling-Methode liegen den Beschreibungen der Prozessschritte zugrunde. Dabei wurde die Methode von NARRATA Consult in ganz unterschiedlichen Unternehmen eingesetzt, getestet und modifiziert. Die Spanne reicht dabei vom Handwerksbetrieb, kleinen Start-up-Unternehmen, über mittelständische Softwarehäuser bis hin zu weltweit operierenden Konzernen. Dazu gehören z. B. Bosch, E-ON, EADS, Deutsche Post World Net, Eckes-Granini Group, Heidelberger Druckmaschinen, KSB, MTU, Siemens, T-Mobile, voestalpine Stahl, Festo Lernzentrum oder IHK Schwaben. Sie alle haben, teilweise auf recht unterschiedliche Art und Weise, mit Storytelling gearbeitet. Auch die Kontexte und Beweggründe, warum Storytelling als Methode gewählt wurde, waren dabei sehr verschieden: z. B. Untersuchung eines Pilotprojektes, ein neues Geschäftsfeld aufbauen, Wissenstransfer bei Leaving Expert, Verbesserung von Akquisition und Angebotserstellung, Erfahrungen beim Bau einer Anlage für ein geplantes Bauvorhaben nutzen oder die eigene Projektkultur für ein gezieltes Employer Branding erkennen und verbessern (▶ Kap. 4).

Jeder Storytelling-Einsatz ist einzigartig

Diese zahlreichen Erfahrungen aus dem Einsatz von Storytelling fließen in die Prozessbeschreibungen ein. Was sich bei der Methode schnell zeigte, ist, dass jeder Einsatz von Storytelling in Unternehmen anders ist und jede Erfahrungsgeschichte etwas Einzigartiges darstellt. Daher können die im Folgenden aufgeführten Ablaufbeschreibungen, Prozessschritte und Checklisten keine allgemein gültigen Richtlinien liefern, sondern stellen vielmehr ein unterstützendes Element dar, das weniger ein steifes Korsett als ein Angebot zum kreativen Auswählen und Weiterentwickeln sein soll.

▪ ▪ Wer führt Storytelling im Unternehmen durch? – Zusammenstellung des Teams

Externe Berater und interne Ansprechpartner

Das Storytelling-Team besteht in der Regel aus externen Beratern, den Storytelling-Spezialisten und internen Mitarbeitern aus dem Personalbereich, der Geschäftsleitung oder anderen, für den Einsatz von Storytelling verantwortlichen Abteilungen. Die externen Berater haben dabei die nötige sozialwissenschaftliche Ausbildung und Kompetenz, die Interviews zu führen und auszuwerten, und Erfahrungen im Erstellen des Erfahrungsdokumentes. Die internen Teammitglieder verfügen über wichtiges Hintergrundwissen zu den Themen und Projekten der Erfahrungsgeschichte, über Interviewpartner, interne Zusammenhänge und unternehmenskulturelle Fragestellungen. Sie tragen den Storytelling-Gedanken im Unternehmen weiter und sind Ansprechpartner für Mitarbeiter. Im Optimalfall arbeiten die internen und externen Teammitglieder eng zusammen und ergänzen sich. Je nachdem, inwieweit sich das Unternehmen selbst an der Methodendurchführung beteiligen will und kann, werden dabei mehr oder weniger Prozessschritte und Arbeiten an Externe abgegeben.

❗ Ganz auf den Einsatz externer Teammitglieder zu verzichten, kann nicht empfohlen werden, es sei denn, es sind Mitarbeiter vorhanden, die im Einsatz von Storytelling geschult sind oder über Erfahrung im Umgang mit der Methode verfügen. Und selbst dann sollte gut überlegt werden, ob auf den notwendigen Blick von außen auf das Unternehmen, der oftmals wichtige, neue Einsichten liefert, verzichtet werden soll. Außerdem besteht die Gefahr, dass Mitarbeiter mit der Erfahrungsgeschichte Politik betreiben und Sachverhalte in ihrem Sinne auslegen.

Vor Beginn des Storytelling-Einsatzes sollte sich das Team Gedanken über eine sinnvolle Arbeitsteilung machen und genau absprechen, wer wofür die Verantwortung trägt. Je genauer die Arbeits- und Kompetenzverteilung zu Beginn stattfindet, desto besser und reibungsloser laufen die einzelnen Phasen später ab. Beispielsweise sollte vor Interviews und Gesprächen festgelegt werden, wer das Gespräch vorbereitet, wer die Gesprächsführung hat, wer anschließend das Protokoll schreibt.

> Wichtig ist eine genaue Arbeits- und Kompetenzverteilung

Das Storytelling-Team besteht bei kleineren Storytelling-Projekten aus mindestens einem externen und einem internen Teammitglied. Bei größeren Einsätzen wird die Teamgröße entsprechend erweitert.

▪ ▪ Wie lange dauert die Durchführung von Storytelling?

Sehr häufig wird die Frage nach der Dauer eines Storytelling-Einsatzes gestellt, und wie viele Personal- und Zeitressourcen dafür bereitgestellt werden müssen. Eindeutig beantworten lässt sich diese Frage nicht, da die Durchführungsdauer von vielen Faktoren abhängt, z. B. der Anzahl der zu führenden Interviews, der gewünschten Länge der Erfahrungsgeschichte sowie der Erfahrung des Durchführungsteams im Umgang mit Storytelling. Aber auch Abwesenheit von Mitarbeitern (Urlaube, Krankheit), Terminverschiebungen etc. beeinflussen die Dauer. Um trotzdem ein paar Zahlen zu nennen, hier ein Beispiel für die Länge eines Storytelling-Projektes:

> Die Durchführungsdauer ist von vielen Faktoren abhängig

Beispiel

Ein größeres Storytelling-Projekt bei einem internationalen Konzern dauerte bei einem Team von zwei externen und zwei internen Teammitgliedern, 8 zu führenden Interviews und einer Länge des Erfahrungsdokumentes von 50 Seiten 33 Tage an reiner Arbeitszeit. Aufgrund von Urlaubszeiten und Terminkoordinierungsproblemen erstreckte sich der Durchführungszeitraum vom „Kick-off"-Gespräch bis zum Verbreitungsworkshop von Anfang Juni bis Anfang Oktober. Die Arbeiten wurden maßgeblich von den externen Teammitgliedern durchgeführt. Die Aufteilung über die einzelnen Phasen sah dabei folgendermaßen aus:

- Planungsphase   = 1 Tag
- Interviewphase   = 5 Tage
- Extrahierphase   = 6 Tage
- Schreibphase   = 14,5 Tage
- Validierphase   = 3,5 Tage
- Verbreitungsphase = 3 Tage

Mit der Reduzierung der Seitenzahlen der Erfahrungsgeschichte und einer Verringerung der Anzahl der Interviews können auch die benötigten Ressourcen stark vermindert werden. Zu Beginn des Methodeneinsatzes sollte daher gut überlegt werden, welcher Umfang sinnvoll ist.

Damit sind wir schon bei der Planungsphase angelangt, in der diese Fragen angesprochen werden.

6.1   Planungsphase

„ … wenn man nicht genau weiß, wohin man will, landet man leicht da, wo man gar nicht hin wollte." (Mager **1965**)

Grundsteinlegung für das Storytelling-Projekt

In der Planungsphase wird bildlich gesprochen der Grundstein für ein erfolgreiches Storytelling-Projekt gelegt und ein solides Fundament für die Arbeit mit den Geschichten im Unternehmen angefertigt. Wie beim Hausbau, so verhält es sich auch hier: Je sorgfältiger die Planung verläuft, desto weniger Ärger und aufwändige Mehrarbeit entsteht bei der Durchführung nachfolgender Schritte. So sollte in der Planungsphase auf die viel propagierte Methodeneffizienz ausnahmsweise verzichtet und der Sorgfalt und der Zeitplanung ausreichend Raum gegeben werden.

Ziel dieser Phase ist es, beim gesamten „Storytelling-Team" ein einheitliches Bild über das zu untersuchende Projekt bzw. Thema im Unternehmen herzustellen und mit den gewünschten Zielen und Erwartungen an Storytelling in Einklang zu bringen.

🛈 Storytelling kann sowohl für die Untersuchung von konkreten Projekten in Unternehmen eingesetzt werden, wie z. B. bei der Entwicklung von Prototypen oder „Cultural-Change"-Projekten als auch bei bestimmten übergreifenden Themenbereichen wie Führung, Kommunikation oder Teamarbeit. In der folgenden Methodenbeschreibung soll der Einfachheit halber immer jedoch von einem untersuchten „Projekt" die Rede sein.

Um dieses Ziel zu erreichen, müssen zum einen die Hintergründe des Projektes, wie z. B. die beteiligten Personen und ihre Rollen, wichtige Meilensteine und Vorkommnisse beleuchtet werden. Zum anderen muss ein Verständnis über die offizielle (aber möglichst auch über die inoffizielle) Unternehmenskultur und die gewünschte Einbettung bzw. Verlinkung von Storytelling in bestehende Personalmanagement-, Wissensmanagement- und Projektmanagementsysteme wie Datenbanken, Handbücher, Intranet, „Best-Practice"- oder „Lessons-Learned"-Dateien im Unternehmen hergestellt werden. Daneben ist es wichtig, gleich zu Beginn die (Haupt-)Zielgruppe für das zu schreibende Erfahrungsdokument zu bestimmen. Erst wenn das „Storytelling-Team" in diesen Thematiken „fit" ist und sich sicher fühlt, sollte mit den Interviews begonnen werden.

Am Ende dieser Phase wird eine endgültige Entscheidung über das zu untersuchende Projekt, erste inhaltliche Zielsetzungen, die Zielgruppe von Storytelling und die weitere Verwendung des Erfahrungsdokumentes im Unternehmen gefällt. Das Team gewinnt überdies auch einen tieferen Einblick in die inhaltlichen Aspekte des untersuchten Projektes.

Festlegung der Zielsetzung, Zielgruppe und genauen Verwendung

Kern der Planungsphase bilden zwei Gespräche, um entsprechende Entscheidungen zu fällen und die nötigen Informationen zu sammeln.

> In der Planungsphase geht es darum, alle wichtigen Informationen zu sammeln, die das „Storytelling-Team" braucht, um erfolgreich arbeiten zu können, also zum einen Informationen über die zu erreichenden Ziele und die Einbettung der Geschichten im Unternehmen und zum anderen Informationen über die gewählte Thematik, die durch Storytelling aufbereitet werden soll.
> Um diese Informationen zu erhalten, werden Gespräche mit **„Entscheidern"** und **„internen Experten"** geführt.

6.1.1 „Kick-off"-Gespräch mit dem „Entscheider"

▪▪ Was ist das Ziel?

Unternehmen, die Storytelling einsetzen möchten, haben meist bereits ganz konkrete Vorstellungen davon, was sie sich von der Methode versprechen und welches Projekt „Stoff" für eine Geschichte in sich birgt. Das heißt, es ist in der Regel ein gewisser Leidensdruck vorhanden und es sind spezielle Erfahrungen gemacht worden, die es wert sind, in einer Erfahrungsgeschichte festgehalten zu werden.

Diese Vorstellungen und Ideen des Unternehmens sollten in einem gemeinsamen Gespräch, bei dem ein verantwortlicher „Entscheider",

Diskussion über den Anlass der Geschichte

und das „Storytelling-Team" zugegen sind, nochmals eingehend diskutiert und beleuchtet werden, um für alle Beteiligten gleichermaßen transparent und verbindlich zu sein. Diesem „Kick-off"-Treffen ist äußerste Wichtigkeit beizumessen, da sich der Einsatz von Storytelling am Ende an den mit dem „Entscheider" gefassten Beschlüssen und Zielsetzungen wird messen lassen müssen.

🛑 **Die Rolle des Entscheiders**
Für die Akzeptanz der Erfahrungsgeschichte ist es wichtig, dass eine leitende Persönlichkeit, hinter dem Methodeneinsatz steht und Beschlüsse über Zielsetzung und Thema der Erfahrungsgeschichte innerhalb des Unternehmens und nach außen vertritt. Diese Person sollte daher beim ersten Gespräch dabei sein und die vereinbarten Zielsetzungen und Beschlüsse „absegnen". Ein Entscheider kann z. B. der Geschäftsführer, ein Vorstandsmitglied, der Abteilungsleiter, der Personal- oder Wissensmanagementbeauftragte sein. Unter Umständen befindet sich der Entscheider im internen Storytelling-Team.

■ ■ **Wie läuft das ab?**

Ziel und Zielgruppe werden bestimmt

Der erste wichtige Themenbereich, der beim „Kick-off"-Treffen angesprochen und diskutiert werden sollte, ist das Wozu (das Ziel) und das Wer (die Zielgruppe von Storytelling).

Die Zielsetzung nimmt Einfluss auf den weiteren Prozess

Eine erste Frage lautet daher: Was ist der genaue Anlass für den Einsatz von Storytelling und was möchte das Unternehmen durch die Erstellung der Erfahrungsgeschichten erreichen? Selbst wenn alle am Gespräch Beteiligten das Gefühl haben, die Zielsetzung bereits genau zu kennen, ist es sinnvoll, diese nochmals gemeinsam auf den Punkt zu bringen. So wird verhindert, dass es später zu Missverständnissen kommt und ein Erfahrungsdokument erstellt wird, dass vom Inhalt und Layout an den eigentlichen Wünschen und Zielsetzungen des Auftraggebers vorbeigeht. Ob das Ziel von Storytelling beispielsweise die Untersuchung des Erfolges einer umfassenden „Cultural-Change"-Maßnahme im Unternehmen ist oder ob die Erfahrungen eines Projektteams beim Bau einer Anlage erfasst werden sollen, um dem Nachfolgeteam die Arbeit zu erleichtern und Wiederholungsfehler zu vermeiden, ist eine wesentliche Frage, die Einfluss auf die Art der Fragen in den Interviews und auf die Aufbereitung der Kurzgeschichten nimmt.

Ebenso wichtig ist die Frage nach der **Zielgruppe**, die mit dem fertigen Erfahrungsdokument angesprochen werden soll. Es macht einen großen Unterschied, ob die Erfahrungsgeschichte grundsätzlich für alle Mitarbeiter interessant sein soll und daher allgemeiner gehalten werden muss oder ob eine bestimmte Projektgruppe, ein bestimmter Bereich oder eine Hierarchieebene (wie z. B. Projektleiter) angesprochen werden soll. In diesem Fall können bestimmte Anekdoten und Begrifflichkeiten auftreten, und auch Spezifischeres erzählt werden, das nur von dieser Mitarbeitergruppe verstanden wird.

Als Nächstes geht es bei diesem Gespräch um das **Was**, also das **Projekt** und die **Themenbereiche**, über die die Erfahrungsgeschichte erstellt werden soll. Im Mittelpunkt stehen Fragen, wie z. B. Warum wurde gerade dieses Projekt ausgewählt und was macht es besonders wichtig? Welche Vorkommnisse, Probleme, Highlights kennzeichnen dieses Projekt (aus Sicht der Entscheider)? Was soll Storytelling über dieses Projekt herausfinden? Es geht hier um eine erste „Diagnose", welche Inhalte und Themen des Projektes für das Unternehmen interessant sind und welche Vermutungen bereits bestehen, warum es zu bestimmten Problemen bzw. Erfolgen in der Vergangenheit gekommen ist. Diese „Erstdiagnose" kann sich später in den Interviews oder in der Extrahierphase durchaus auch als falsch oder irrelevant erweisen, dient aber als Anker und Anknüpfungspunkt für das Storytelling-Team, wenn es darum geht, die thematischen Annahmen und Wünsche der Entscheider mit in den Prozess einzubeziehen.

Erste „Diagnose" möglicher Themenbereiche

Frühzeitig sollte man auch über die Planung der **Verbreitung** des Erfahrungsdokumentes im Unternehmen, also das **Wie** nachdenken. Die Frage lautet hier: Wie werden die Inhalte der Geschichte der Zielgruppe kommuniziert? Sollen z. B. Workshops organisiert werden, bei denen Interviewpartner (also die Wissensträger) und Zielgruppe (die Wissensempfänger) zusammen über die Erfahrungsgeschichte und die Lehren und Tipps, die daraus entstehen, diskutieren können oder soll das Erfahrungsdokument mit einem Diskussionsforum versehen ins Intranet gestellt werden? Je früher Klarheit über die Art der Verbreitungsform herrscht, desto früher können Workshops organisiert oder technische Voraussetzungen eingerichtet werden und spätere Verzögerungen werden vermieden. Genauso wichtig ist die Überlegung, wie das Erfahrungsdokument an sich, aber vor allem auch die Inhalte, die Lehren, Tipps und Tricks möglichst gewinnbringend im Unternehmen genutzt werden können. Hier kann über die **Einbettung der Inhalte** in vorhandene Projekt- oder Wissensmanagementinstrumente, Wikis, Blogs oder die Firmenzeitung etc. nachgedacht werden. Bei der Einbettung von Storytelling in bestehende Systeme und Prozesse sollte darauf geachtet werden, dass es sich hierbei um Instrumente und Medien handelt, die von den Mitarbeitern bereits akzeptiert werden. So wird Storytelling nicht nur als neue zusätzliche Methode empfunden, sondern als eine Bereicherung und Ergänzung von bereits Bewährtem. Auch bei diesen Punkten sollte der Entscheider eingebunden werden. Er kann die Ideen intern im Unternehmen kommunizieren und für Akzeptanz auf der Führungsebene sorgen. Neben diesen eher strategischen Fragen sollte die Gelegenheit im „Kick-off"-Gespräch mit dem Entscheider auch dazu genutzt werden, um organisatorische Fragen zu klären, z. B.:

Verbreitung der Erfahrungsgeschichte im Unternehmen

- Layout des Erfahrungsdokumentes (in Firmen-CI, mit Comics und Bildern etc.),
- Anzahl der Interviewpartner (und erste Auswahl) und Organisation der Interviews,
- grobe Festlegung der Länge der Erfahrungsgeschichte,
- Zeitplan für die einzelnen Schritte des Storytelling,
- Terminplanung,
- Budgetfragen.

Der grobe Kurs steht jetzt fest

Auch wenn sich in diesem „Kick-off"-Gespräch nicht alle Fragen beantworten lassen oder manches, was festgelegt wurde, im Verlauf der Durchführung revidiert oder an unvorhersehbare Gegebenheiten angepasst werden muss, ist es wichtig, diese Themen einmal im gesamten Team mit einem Experten zu besprechen, um den (groben) Kurs des Storytelling-Einsatzes zu bestimmen und das Navigieren durch die nächsten Phasen zu erleichtern.

Da viele der zu treffenden Entscheidungen nicht zuletzt auch eine Frage der Geld- und Zeitressourcen sind, die ein Unternehmen investieren möchte, ist es sinnvoll, einen internen Entscheider zu involvieren.

„Planungsphase-Checkliste für das Gespräch mit dem Entscheider" finden Sie unter:
► http://extras.springer.com. Bitte im entsprechenden Feld die ISBN 978-3-662-49205-5 eingeben

Checkliste für das „Kick-off" mit einem Entscheider
- Konkretisierung der genauen **Zielsetzung** des Storytelling-Einsatzes
- Bestimmung der **Zielgruppe** für das Erfahrungsdokument
- Festlegen eines geeigneten **Projektes oder bestimmter Themenbereiche** für die Erfahrungsgeschichten
- Planung der **Verbreitung** des Erfahrungsdokumentes im Unternehmen
- Bestimmung einer möglichen **Einbettung** in bereits bewährte Instrumente und Systeme im Unternehmen
- **Klärung von organisatorischen Fragen** (Layout, Zeitplan, Termine, Kosten)

Beispiel

Das „Kick-off" der EBIZZ-Erfahrungsgeschichte
Das Gespräch fand bei einem mittelständischen IT-Unternehmen statt. Anwesend waren vier Personen: der Geschäftsführer (Entscheider), eine interne Wissensmanagementbeauftragte und zwei externe Berater. Sie bildeten das Storytelling-Team.
Zu Beginn des Gesprächs legte der Geschäftsführer seine Vorstellungen über Ziele und die Auswirkungen dar, die er sich von dem Einsatz von Storytelling erhoffte. Aus seinen Vorstellungen ließ sich schnell erkennen, dass für ihn die **Verbesserung der Projektkultur** im Unternehmen im Vordergrund stand. Hintergrund für diese Zielvorstellung war das starke Wachstum des Unternehmens. Auch durch dieses Wachstum bedingt, rückte die Abwicklung immer größerer und komplexerer Projekte im Bereich E-Business stärker in den Mittelpunkt. Dies stellte das Unternehmen und vor allem die Mitarbeiter und Projektteams vor neue Herausforderungen. Die professionelle Durchführung von „großen" E-Business-Projekten

wurde zu einem immer wichtigeren Erfolgskriterium für das Unternehmen. Bei den Mitarbeitern, die es bisher eher gewohnt waren, in kleineren Projekten und Teams zu arbeiten, war es jetzt gefragt, umzudenken. Bislang kam es jedoch immer wieder zu Schwierigkeiten, was die reibungslose Abwicklung solcher größerer Projekte betraf. Dabei stellten weniger die technischen Anforderungen, sondern vielmehr die **zwischen-menschliche Kommunikation** innerhalb der Teams ein Problem dar. Daher interessierte sich der Geschäftsführer im Rahmen der Verbesserung der Projektkultur vor allem dafür, wie man die **Teamprozesse** besser gestalten könnte.

Anschließend wurde über das gewählte Projekt für die Erfahrungs-geschichte diskutiert. Von Anfang an lag das Augenmerk des Geschäftsführers auf dem EBIZZ-Projekt, da hier die Teamgröße einen im Unternehmen noch nicht gekannten Umfang angenommen hatte. Außerdem traten bei der Durchführung des Projektes immer wieder Fragestellungen auf, die für die Art von zukünftigen Projekten typisch sein würden (z. B. Wie bilden wir möglichst schnell ein funktionierendes Team? Wie managen wir Unterauftragnehmer, die wir kurzfristig hinzuholen müssen?). Außerdem gab es eine breite Zielgruppe für dieses Thema, da praktisch alle Mitarbeiter, vor allem aber die Projektleiter, die der Entscheider als Hauptzielgruppe nannte, von diesem Thema betroffen waren. Da sich das Unternehmen in Zukunft verstärkt Richtung „größere" E-Business Projekte orientieren wollte, war daneben sowohl ein strategischer Nutzen als auch ein ausreichend großer Leidensdruck im Unternehmen vorhanden.

Mit diesem Projekt, so waren sich alle am Gespräch Beteiligten einig, konnten die mit Storytelling verfolgten Ziele abgedeckt werden. Für die weitere Verwendung der Erfahrungsgeschichten stellte sich der Geschäftsführer einen Transferworkshop vor, an dem alle Projektleiter des Unternehmens teilnehmen sollten, um gemeinsam zu überlegen, wie man die im EBIZZ-Projekt gemachten Erfahrungen auf andere Projekte übertragen könnte. Außerdem wollte er die Erfahrungen, Tipps und Verbesserungsideen aus den Geschichten gezielt in das Qualitätsmanagementsystem (nach DIN EN ISO 9001:2000) des Unternehmens integrieren.

Im Anschluss an das Gespräch nahm der Geschäftsführer Kontakt mit der Auftragsmanagerin, einer Expertin des EBIZZ-Projektes auf, und das Storytelling-Team vereinbarte einen Termin für ein erstes Gespräch mit ihr. Außerdem wurde von dem Gespräch mit dem Geschäftsführer ein Protokoll verfasst, welches alle wichtigen Entscheidungen bezüglich Ziele, Thema und Zielgruppe dokumentierte.

Protokoll vom Gespräch
erstellen

┌─ **Tipps und Erfahrungen** ────────────────────

- ▬ Da die Beschlüsse des „Kick-offs" weitreichende
  Auswirkungen auf den Storytelling-Prozess haben, sollte
  von diesem Gespräch und den Ergebnissen unbedingt ein
  Protokoll verfasst werden, das allen Teilnehmern zugeschickt
  wird, mit der Bitte, dieses falls nötig zu ergänzen.
- ▬ Für das „Kick-off"-Gespräch muss ausreichend Zeit
  eingeplant werden. Da es sich um das erste offizielle Treffen
  des Storytelling-Teams handelt und darüber hinaus noch ein
  Entscheider anwesend ist, sollte bedacht werden, dass es
  sich hierbei auch um eine vertrauensbildende Maßnahme
  handelt. Man muss miteinander „warm" werden. Dabei hilft
  auch z. B. ein gemeinsames Mittagessen oder ausreichend
  eingeplante Pausen.

6.1.2 Gespräch mit einem internen Experten

▪ ▪ Was ist das Ziel?

Informationen über das
ausgewählte Projekt sammeln

Sind die übergeordneten Ziele von Storytelling festgelegt, wird nun das
ausgewählte Projekt, welches die Inhalte für die Erfahrungsgeschichten liefert, näher betrachtet. Es geht darum, möglichst viele Informationen über Inhalte, beteiligte Personen und Meilensteine zu erfahren.
Dies dient den Erfahrungshistorikern dazu, sich besser in die Thematik, und ist eine entscheidende Hilfe für die Vorbereitung der anschließenden Interviews. Im Mittelpunkt steht dabei ein Gespräch, das das
Storytelling-Team mit einem „Insider", also einer Person, die möglichst
viel über das Projekt erzählen kann, führt.

🛈 **Die Rolle des internen Experten**
Der Experte hat den Überblick über das zu untersuchende
Projekt und war selbst in die Durchführung involviert. Er kennt
alle Beteiligten und hat die Höhepunkte und Problemfälle
sozusagen hautnah miterlebt. Er kann das Storytelling-Team
weitergehend in die Thematik des Projektes einweihen. Seine
Aufgabe ist es auch, das gesamte Projektteam über den
Storytelling-Einsatz zu informieren und Akzeptanz beim Team
für die Durchführung herzustellen. Deshalb ist es wichtig,
zunächst den Experten selbst über die Hintergründe von
Storytelling aufzuklären und aufzuzeigen, was auf ihn und sein
Team zukommt. Seine Bereitschaft zu kooperieren ist extrem
wichtig.
Der Experte ist in der Regel der Projektleiter oder ein anderer
Mitarbeiter mit einem ausreichenden Überblick über das
Projekt. Er sollte Vertrauen und Anerkennung im Team
genießen.

▪ ▪ Wie läuft das ab?

Bevor der Experte seine Informationen über das Projekt preisgibt, ist es wichtig, bei ihm Akzeptanz für die Durchführung der Methoden herzustellen und sein Vertrauen zu gewinnen. Ihm muss klar sein, welchen Sinn Storytelling hat, was auf ihn und sein Team zukommt und was mit den erzählten Informationen und Geschichten im Unternehmen passiert. Dafür ist es notwendig, mit dem Experten folgende Punkte zu besprechen:

Vertrauen und Akzeptanz gewinnen

- **Gründe für den Einsatz der Storytelling-Methode im Unternehmen**
  Zuerst sollte dem Experten kurz erklärt werden, was das Unternehmen mit dem Methodeneinsatz bezweckt und welche übergreifenden strategischen Ziele verfolgt werden.
- **Gründe für die Auswahl seines Projektes**
  Anschließend sollte dargelegt werden, warum gerade sein Projekt für Storytelling ausgesucht wurde und welche Thematik dem Unternehmen am Herzen liegt.
- **Beschreibung des Ablaufs der Storytelling-Methode**
  Dann wird die Storytelling-Methode eingehender vorgestellt. Der Experte bekommt eine Vorstellung über den Ablauf der Methode und darüber, wie das zu entwickelnde Erfahrungsdokument aussieht. Er sollte die Methode nach dem Gespräch zumindest so gut kennen, dass er seinem Team das Vorhaben und die Methode in groben Zügen vorstellen kann.
- **Aufwand für das Team**
  Damit sich der Experte über den Aufwand von Storytelling ein Bild machen kann, sollten die Teile des zeitlichen Projektplans von Storytelling dargelegt und besprochen werden, die ihn bzw. sein Team betreffen, z. B. wie lange die einzelnen Interviews dauern (in der Regel 1–1,5 Stunden) und in welchem Zeitraum sie durchgeführt werden sollen, wann der Abschlussworkshop geplant ist und wer teilnimmt.

Aufwand darlegen

Erst wenn diese Themen besprochen sind und der Experte keine allgemeinen Fragen mehr zu Storytelling hat, sollte damit begonnen werden, Informationen über das Projekt einzuholen.

▪ ▪ Sammeln von Informationen über das Projekt

Jetzt ist der Experte an der Reihe, über das Projekt zu erzählen. Dies ist das eigentliche Kernstück des Treffens. Dafür muss ausreichend Zeit eingeplant werden. Der Experte sollte möglichst in chronologischer Reihenfolge folgende Themen ansprechen (◘ Abb. 6.1):

- Anfänge/Ausgangslage,
- einzelne Phasen und Meilensteine,
- besondere Probleme/Höhepunkte,
- beteiligte Personen und ihre Rollen.

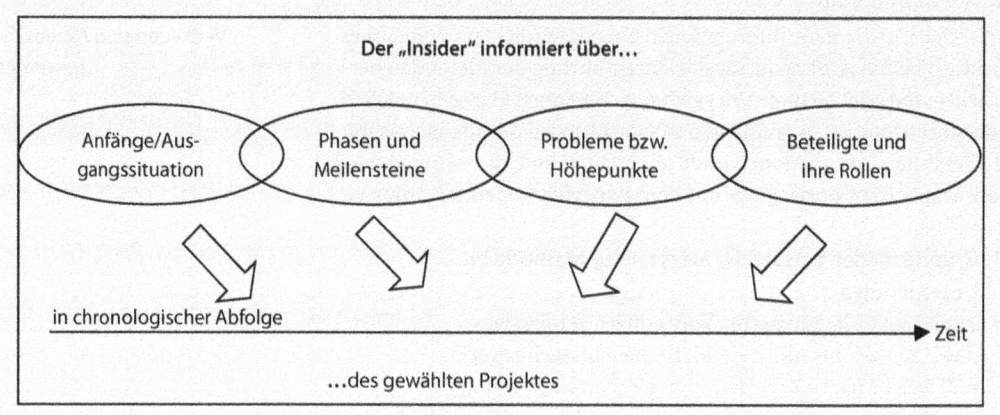

○ Abb. 6.1   Erfassung von Informationen über das gewählte Thema

▪ ▪ Auswahl der Interviewpartner

Abschließend sollte gemeinsam mit dem Experten festgelegt werden, welche der am Projekt beteiligten Personen für Interviews in Frage kommen.

Möglichst viele Perspektiven berücksichtigen

Bei kleinen Projekten (bis zu ca. 8 Personen) sollten möglichst alle Beteiligten interviewt werden. Muss eine Auswahl getroffen werden, sollte darauf geachtet werden, dass mit den Interviews möglichst alle Prozessbereiche und Hierarchieebenen abgedeckt werden. Vom Praktikanten, zur Sekretärin, über den Projektleiter bis zum Vorstand sind alle Perspektiven wertvoll. Wenn irgend möglich, sollte auch die externe Perspektive berücksichtigt werden, d. h. Kunden, Zulieferer, Berater etc., die direkt oder indirekt in das Projekt eingebunden waren. Sie können unter Umständen noch einmal einen ganz neuen Blickwinkel aufzeigen.

Nach Abschluss des Gesprächs sollte das Storytelling-Team ein erstes Bild über die Phasen, Meilensteine und Problembereiche des gewählten Projektes und eine Liste mit möglichen Interviewpartnern haben. Dies bildet eine wichtige Voraussetzung dafür, die anschließende Interviewphase effizient durchzuführen.

In den Online-Materialien unter http://extras.springer.com finden Sie eine ausführliche Checkliste für die Durchführung des Gesprächs mit dem Experten zum Runterladen. Bitte im entsprechenden Feld die ISBN 978-3-662-49205-5 eingeben

Checkliste für das Gespräch mit dem Experten:
- ▬ **Akzeptanz für Storytelling herstellen:**
  - – Gründe für den Einsatz von Storytelling im Unternehmen darlegen
  - – Anlass für die Wahl seines Projektes benennen
  - – Beschreibung des Ablaufs von Storytelling
  - – Aufwand durch Storytelling für das betreffende Team darlegen

- **Sammeln von Informationen über das gewählte Projekt:**
  - Möglichst chronologische Darstellung von: Ausgangslage, Phasen, Meilensteinen, Höhepunkten, besonderen Problemen, beteiligten Personen
  - Benennung und Auswahl möglicher Interviewpartner (Erfassung aller Prozessbereiche und Hierarchieebenen, Außenperspektive)

Tipps und Erfahrungen

Das Gespräch mit dem Experten enthält bereits wichtige Zitate für die Erfahrungsgeschichten. Daher sollte dieses Gespräch auf Tonband aufgenommen und mit in die Auswertungsphase übernommen werden.

Der Experte sollte auch gebeten werden, weitere interessante Materialien über das Projekt, wie z. B. Projektpläne, E-Mails, Konzepte oder Berichte zur Verfügung zu stellen.

Die Gesprächsführung sollte von einem Mitglied des externen Storytelling-Teams übernommen werden, da dieses auch „naive" oder unübliche Fragen stellen darf. Ihm werden Sachverhalte außerdem geduldiger und verständlicher erklärt.

6.2 Interviewphase

„Die Fragen sind es, aus denen das, was bleibt, entsteht." (Erich Kästner)

Ziel der Interviewphase ist es, Inhalte für die Erfahrungsgeschichte zu sammeln. Bleiben wir beim Bild des Hausbaus, so werden jetzt die einzelnen notwendigen Bauteile wie Zement, Stahlträger, Ziegel, Holzbalken, Inventar von den unterschiedlichen Herstellern bezogen und aus den verschiedensten Fachgeschäften herbeigeschafft. Damit auch die richtigen und passenden Teile besorgt werden, ist eine detaillierte Liste nötig, auf der die unbedingt notwendigen Anschaffungen, aber auch die „Sahnebonbons", die man ganz gerne hätte, aufgeführt sind. Im Rahmen der Storytelling-Methode heißt diese „Beschaffungsliste" Interviewleitfaden. Er enthält einerseits alle Fragen, die auf Wunsch des Unternehmens gestellt werden müssen, lässt andererseits aber auch Spielraum für neue, überraschende Themen, die sozusagen die Sahnebonbons des Storytelling sind. Die notwendigen Bestandteile, also die verschiedenen Themen der Erfahrungsgeschichte, werden dabei aus den unterschiedlichen Erlebnissen und Erfahrungen der Interviewpartner in den verschiedensten Hierarchie- und Prozessebenen beschafft.

Dazu werden in der Interviewphase ein spezifischer Leitfaden erstellt und Interviews mit unterschiedlichen Perspektiven geführt.

Sammeln der Inhalte für die Erfahrungsgeschichte

Ist diese Phase beendet, liegt dem Storytelling-Team die Rohmasse der Geschichte vor: ein riesiger Pool an unausgewerteten Daten („a mass of data", wie es Roth und Kleiner, 1996, beschreiben), aus der das Erfahrungsdokument geformt wird.

> In der Interviewphase geht es darum, so viele und so unterschiedliche Perspektiven wie möglich über das gewählte Projekt zu sammeln. Dies erfolgt in zwei Schritten: erstens mit der Entwicklung eines spezifischen **Leitfadens**, der bestimmte Inhalte abfragt, aber auch Raum für Überraschungen lässt, und zweitens mit der Durchführung der **Interviews**.

6.2.1 Entwicklung des Interviewleitfadens

▪▪ Was ist das Ziel?

Interviewleitfaden als Stütze für das Gespräch

Um die Interviews gezielt führen zu können und auch an genau die Geschichten und Erfahrungen zu gelangen, die das Unternehmen interessieren, ist es wichtig, einen Interviewleitfaden zu entwickeln, der die relevanten Fragen beinhaltet. Der Leitfaden ist aber eher als Hilfestellung für die Interviewer gedacht und sollte keineswegs im Interview eins zu eins abgehakt werden. Er dient als Stütze, um das Interview zu lenken und wichtige Themenbereiche nicht zu vergessen. Um an diese Themenbereiche zu kommen, ist es sinnvoll, zunächst einmal alles zu sammeln, was über das Projekt und die Erwartungen des Unternehmens an Storytelling bekannt ist, und alle Informationen in einer Art Zeitstrahl zu ordnen. Danach können die spezifischen Fragen für die Interviews leichter abgeleitet werden.

▪▪ Wie läuft das ab?

Der Interviewleitfaden wird in zwei Schritten entwickelt.

1. Zusammenstellung eines Zeitstrahls für das Projekt

Alle Informationen im Zeitstrahl sammeln und ordnen

Der Zeitstrahl ist ein Dokument, in dem alles bisherige Wissen über das zu untersuchende Projekt zusammengebracht wird (z. B. aus dem Gespräch mit dem Experten ▶ Abschn. 6.1.2) und das z B. wie in ◗ Abb. 6.2 abgebildet aufgebaut sein kann. Er kann z. B. chronologisch, nach einzelnen Themen oder entlang einzelner bekannter Projektphasen aufgebaut sein. Wichtig ist, dass es dem Storytelling-Team übersichtlich erscheint. Der Zeitstrahl enthält auch nochmals eine Zusammenfassung dessen, was sich das Unternehmen mit dem Storytelling-Einsatz erhofft, also die Zielsetzungen (Gespräch mit dem Entscheider, ▶ Abschn. 6.1.1), und lässt Raum für erste Ideen und Vermutungen des Storytelling-Teams. Der Zeitstrahl gibt somit einen Gesamtüberblick über alle bereits gesammelten Informationen und ordnet diese in einer übersichtlichen Weise.

Zeitstrahl über den Projekteverlauf X				
Welche Ziele sollen mit der Erfahrungsgeschichte verfolgt werden? z. B. bessere Teamarbeit, Verkürzung der Einarbeitungszeit, besseres Projektmanagement				
Dauer	**Phase**	**Was ist passiert?**	**Wer war beteiligt?**	**Fragen / Anmerkungen**
z. B.: Nov.-Dez. 2000	z. B. Vor- verhand- lungen	z. B. Erster Kundenkontakt Verhandlungen	z. B. Geschäfts- führer; Technischer Projektleiter	z. B. Unsicherheiten, ob man das Projekt schaffen wird. Teamvergrößerung zeichnete sich ab
Sonstige Anmerkungen zum Projekt: z. B. Unklarheiten über die Zuständigkeiten gegenüber dem Kunden				

▢ Abb. 6.2   Zeitstrahl des Projektverlaufes

❗ Der Zeitstrahl sollte als „lebendes Dokument" betrachtet werden, zu dem alle an Storytelling-Beteiligten Zugang haben. Im Laufe des Storytelling-Einsatzes können hier neue Informationen, Erkenntnisse und Ideen, die für die Erfahrungsgeschichte wichtig sind, gesammelt werden.

2. Ableiten von themenbezogenen Fragen

Jetzt geht es daran, konkrete Fragen für die Interviews zu sammeln. Dafür sollte der Zeitstrahl genauer unter die Lupe genommen und immer wieder folgende Fragen gestellt werden: Wo lassen sich innerhalb des Projektes gewisse interessante Themenfelder, Höhepunkte, Problembereiche, erstaunliche Vorkommnisse, überraschende Wendungen, komische Beschlüsse, Uneinigkeiten zwischen den Beteiligten etc. erkennen? Die Antworten auf die Fragen werden gesammelt und mit Überbegriffen versehen: Also könnte beispielsweise auffallen, dass die Einarbeitung neuer Teammitglieder unzureichend verlief (Überbegriff: Einarbeitung) oder der Projektleiter wichtige Aufgaben immer selbst erledigen wollte (Überbegriff: Führung). Diese Überbegriffe werden nochmals mit den Zielsetzungen des Unternehmens in Verbindung gebracht. Will das Unternehmen die Projektkultur verbessern, so lassen sich Themen wie Einarbeitung und Führung darin leicht wiederfinden. Für alle Überbegriffe werden jetzt ein paar Fragen formuliert, die den Interviewten gestellt werden können, um mehr darüber zu erfahren. Die ▢ Abb. 6.3 verdeutlicht diesen Vorgang:

Gibt es bestimmte Ziele des Unternehmens, für die sich bislang keine Themen und Überbegriffe aus dem Projektzeitstrahl haben finden lassen, so werden für sie extra Fragen erstellt, um sicherzugehen, diese im Interview zu berücksichtigen.

In den Online-Materialien zum Buch unter ▶ http://extras.springer.com finden Sie eine Vorlage zur Erstellung des Zeitstrahls. Bitte im entsprechenden Feld die ISBN 978-3-662-49205-5 eingeben

Ableiten und Formulieren von Fragen

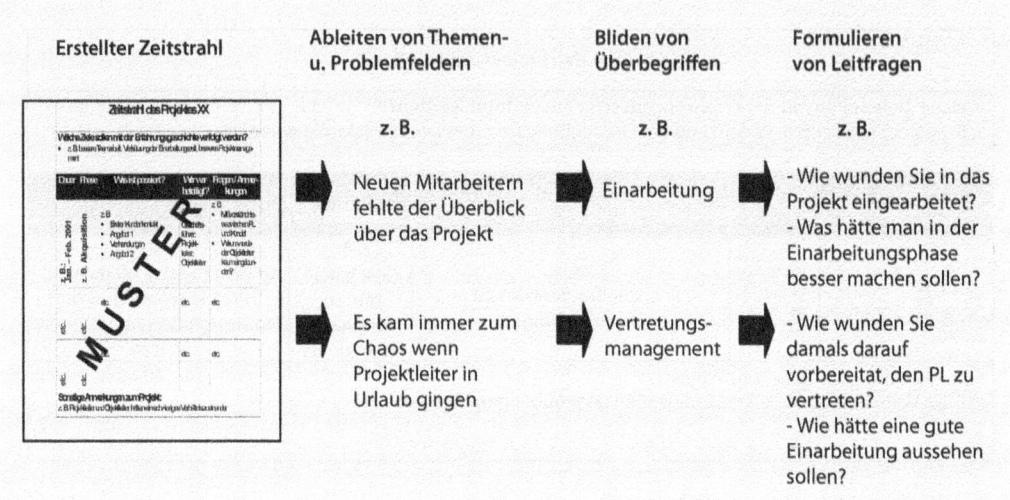

| Erstellter Zeitstrahl | Ableiten von Themen- u. Problemfeldern | Bliden von Überbegriffen | Formulieren von Leitfragen |

Abb. 6.3   Ableiten von Fragen für den Interviewleitfaden

Tipps und Erfahrungen

Die aufgeführten Anleitungen zur Entwicklung des Interview-leitfadens stellen kein striktes Raster dar, nach dem vorgegangen werden muss, sondern sind als Vorschlag und unterstützendes Element zu sehen. Erfahrene „Storyteller" haben meist sehr schnell ein Gefühl für essenzielle Themen und wichtige Fragen und leiten diese nicht bewusst ab. Man sollte also durchaus auch Fragen einbauen, die aus dem Bauch heraus entstanden sind.

Checkliste: Wie entwickle ich Fragen für die Interviews?
- **Zusammenstellung aller vorhandenen Informationen** über Ziele von Storytelling und das gewählte Projekt in einem Dokument (Zeitstrahl)
- **Ableitung themenbezogener Fragen** (Suche nach lehrreichen und spannenden Themen, die im Zeitstrahl dokumentiert sind, Formulierung von Fragen zu den wichtigsten gefundenen Themen)

6.2.2   Durchführung der Interviews

▪▪ Was ist das Ziel?

Balanceakt zwischen Erwartungen des Unternehmens und narrativer Herangehensweise

Die Interviews mit den Beteiligten bilden den Dreh- und Angelpunkt der Storytelling-Methode, denn ohne Interviews gibt es keine Erfahrungsgeschichte! In den Gesprächen muss dem Storytelling-Team der

Balanceakt gelingen, einerseits die Ziele und Themen, die das Unternehmen interessiert und Teil des Auftrages bilden, abzufragen und andererseits Raum für das Narrative, also für individuelle Erzählungen über Erlebnisse, Erfahrungen sowie Anekdoten zu lassen. Dies ist kein einfaches Unterfangen, erfordert einiges an Erfahrung und Geschick und kann nur bedingt vorbereitet werden, denn jeder Interviewpartner ist anders und jedes Gespräch hat seine eigene Dynamik. Was jedoch eine gute Unterstützung bietet und ein gewisses Gefühl der Sicherheit vermitteln kann, ist eine möglichst detaillierte Planung des Ablaufs der Interviews. Deshalb ist es sinnvoll, einen Ablauf zu erstellen, der mit in die Interviews genommen wird und die Gesprächsführung unterstützt.

Definition

In der qualitativen Sozialforschung wird das für die Interviews der Storytelling-Methode gewählte Erhebungsverfahren als eine Mischung aus **problemzentriertem Interview** und **narrativem Interview** bezeichnet: problemzentriert, weil sich das Interview um bereits im Vorfeld bestimmte Themen und Ereignisse rankt und konkret danach fragt, und narrativ, weil bewusst Raum für eigene Erzählungen des Befragten gelassen wird. An dieser Stelle sollen aber keine weitere Einführung und Beschreibung in die verschiedenen Interviewtechniken und sozialwissenschaftlichen Methoden gegeben werden. Diese können in entsprechenden Fachbüchern (z. B. Mayring 2002) nachgelesen werden.

■ ■ **Wie läuft das ab?**

Aus der Erfahrung zahlreicher Storytelling-Einsätze in verschiedenen Unternehmen und Branchen hat sich folgender Ablauf bzw. das Unterteilen des Gesprächs in folgende Abschnitte bewährt:

1. Einführung und Fragen zum persönlichen Hintergrund Bevor die erste Frage gestellt wird, muss dem Interviewpartner erst einmal kurz erläutert werden, was das Ziel dieses Gespräches ist und wie der Ablauf des Interviews geplant ist. Der Gesprächspartner sollte auch darüber aufgeklärt werden, was anschließend mit seinen Zitaten und Aussagen passiert, also ob er z. B. sein Interview noch einmal durchlesen kann, bevor einzelne Äußerungen veröffentlicht werden, und ob sein Name anonymisiert wird. Dies dient dazu, dem Interviewpartner eine gewisse Unsicherheit über das Gespräch zu nehmen und Akzeptanz für die Durchführung von Storytelling zu erlangen.

Es ist sehr wichtig, dass gleich zu Anfang eine angenehme Gesprächssituation hergestellt wird, in der sich der Gesprächspartner wohlfühlt.

Dann bekommt der Interviewte Gelegenheit, sich kurz vorzustellen und seine konkrete Aufgabe und Position im Projekt zu nennen.

Ablauf und Gesprächsziel erklären

Dies sollte in max. 5 Minuten geschehen. Wird der Interviewte zu ausführlich, sollte geschickt zum nächsten Teil des Interviews übergeleitet werden:

Subjektive Sicht auf das Projekt erfassen

2. Narrativer Interviewteil: Das Projekt aus Sicht des Interviewpartners
Jetzt geht es darum, die ganz persönliche, subjektive Perspektive des Gesprächspartners zu erfassen und ihn über seine Erlebnisse, Erfahrungen und Anekdoten erzählen zu lassen. Dazu sollte der Interviewte mit einer Einstiegsfrage angeregt werden, z. B.: „Wenn Sie sich an die Anfänge des Projektes erinnern, was haben Sie da erlebt?" Oder: „Wenn Sie das Projekt im Kopf Revue passieren lassen, was hat Sie am meisten gefreut bzw. am meisten geärgert und wann war das genau?" Die Interviewer halten sich in dieser Phase des Interviews bewusst zurück und greifen nur dann in das Gespräch ein, wenn der Interviewpartner abschweift oder unnötige Details erzählt. Im Idealfall erzählt der Interviewte in chronologischer Reihenfolge von Projekterfolgen, Spannungen im Team und von Problemen.

Mit aktivem Zuhören auf die Gefühle des Interviewpartners eingehen

Hier spielt die Kommunikationstechnik des aktiven Zuhörens eine große Rolle. Aktives Zuhören bedeutet den Interviewpartner dort abzuholen, wo er steht. Man zeigt ihm, dass man seine Botschaft nicht nur gehört, sondern auch verstanden hat. Dies kann z. B. durch Paraphrasieren, also das Wiederholen des Gehörten mit eigenen Worten oder durch Verbalisierung dessen, was zwischen den Zeilen zu hören ist (Annahmen, Appelle, Einwände), geschehen. Wichtig ist, auf die Gefühle des Gesprächspartners zu hören und diese an ihn zurückzuspielen (Bay 2014).

Tipps und Erfahrungen

Um das Erzählen (in chronologischer Reihenfolge) zu erleichtern, kann man auch einen Trick aus der Gestaltungspsychologie anwenden und den Interviewpartner bitten, seine persönliche Projektverlaufslinie auf ein Flipchart, oder auf ein vorgefertigtes Blatt zu malen. Mit dieser „Ereigniskurve" (◘ Abb. 6.4) ist es möglich, die subjektiven Wahrnehmungen der Befragten sichtbar und vergleichbar zu machen. In die Ereigniskurve wird der Verlauf des Projektes mit allen Höhen und Tiefen vom Interviewpartner eingezeichnet. Das heißt, er verortet für ihn besonders herausragende Ereignisse auf der X-Achse und schätzt sein emotionales Empfinden während des Ereignisses auf der Y-Achse ein. Im Interview wird die Ereigniskurve dann gemeinsam besprochen. Bei der Auswertung der Interviews können später dann die unterschiedlichen Ereigniskurven miteinander verglichen werden (Thier u. Erlach 2013).

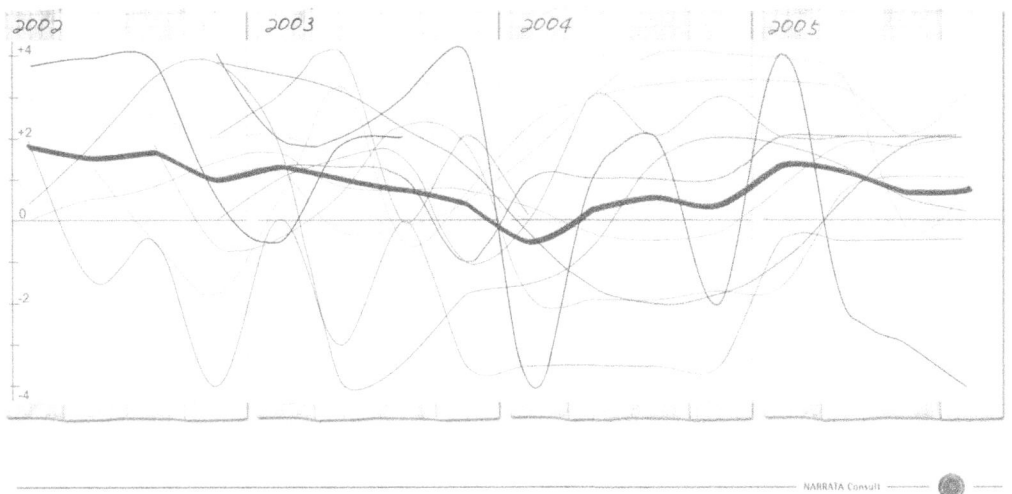

Abb. 6.4 Beispiel für den Einsatz von Ereigniskurven

Hat der Interviewpartner das Gefühl, das aus seiner Sicht Wichtige erzählt zu haben, oder tritt aus den Erzählungen kein neuer Aspekt mehr hervor, sollte der Interviewer jetzt konkret nachfragen:

3. Problemzentrierter Teil: Themenbezogenes Nachfragen In diesem Teil des Interviews werden jetzt die Fragen gestellt und Themen angesprochen, auf die der Interviewpartner noch nicht eingegangen ist, die aber dem Unternehmen wichtig sind oder aber die aufgrund der bisherigen Informationen als wichtig erachtet werden. Jetzt kommen die im ▶ Abschn. 6.2.1 dargestellten, aus dem Zeitstrahl abgeleiteten, Fragen zum Einsatz. Wurden im Gesprächsverlauf bereits einige der Themen angesprochen, so werden diese übersprungen. Dieser problemzentrierte Teil hat den Zweck sicherzugehen, bereits als wichtig eingestufte Themen nicht zu vergessen bzw. eingehender zu hinterfragen.

Noch offene Themen ansprechen

4. Zusammenfassende Lehren und das Beenden des Gesprächs Gegen Ende des Gesprächs sollte etwas Zeit dafür eingeplant werden, die besonderen Erfahrungen und Lehren des Interviewten aus dem Projekt zu reflektieren. Dazu können Fragen gestellt werden, wie z. B.: „Was würden Sie Mitarbeitern raten, die ein ähnliches Projekt starten?" „Welche Fehler würden sie nie wieder machen und warum?" Oder andersherum: "Welches Vorgehen hat sich für Folgeprojekte bewährt?" Dann ist das Interview so gut wie beendet. Der Interviewte kann jetzt noch gefragt werden, ob er gerne noch etwas erzählen möchte oder etwas Wichtiges im Gespräch vergessen wurde. Abschließend sollte kurz erläutert werden, wie es mit dem Interview weitergeht. Der Interviewer bedankt sich abschließend bei seinem Gesprächspartner für das Gespräch.

Reflexion und Zusammenfassung der Erfahrungen

Eine Zusammenfassung der „Hinweise für die Durchführung der Interviews" finden Sie auch in den Online-Materialien unter ▶ http://extras.springer.com. Bitte im entsprechenden Feld die ISBN 978-3-662-49205-5 eingeben

Checkliste für den Ablauf der Interviews

- **Teil 1. Einführung und Fragen zum persönlichen Hintergrund (ca. 5–10 min.):** Ziele und Ablauf des Gesprächs erläutern; Vorstellung des Interviewten (Aufgaben und Position im Projekt)
- **Teil 2. Das Projekt aus Sicht des Interviewten (ca. 20–30 min.):** Interviewter erzählt von seinen subjektiven Erlebnissen, Höhepunkten, Problemen während des Projektes
- **Teil 3. Themenbezogene Nachfragen (ca. 20–25 min.):** Interviewer fragen gezielt zu den unter 6.2.1 abgeleiteten Themenbereichen nach
- **Teil 4. Zusammenfassende Lehren und Beenden des Gesprächs (ca. 10 min.):** Fragen nach den allgemeinen „Lessons Learned" und den „Best Practice" des Interviewten aus dem Projekt und Erläuterung des weiteren Vorgehens mit den Interviewdaten

---

Exkurs

Wie bringe ich jemanden überhaupt dazu, mir Geschichten zu erzählen?

Auszug aus einem fiktiven Interview		Tipps für den narrativen Teil des Interviews
Interviewerin Frau K.	„Ich habe ja schon einiges über Ihre erfolgreichen Verhandlungen mit den Partnern in der Anfangszeit des Projektes gehört und mich interessiert es natürlich ganz besonders, wie Sie als Projektleiter das erlebt haben."	Am besten mit etwas Positivem ins Gespräch einsteigen
Projektleiter M.	„Ja, da hatten wir eine ziemlich günstige Lage. Wir haben im letzten Projekt mit dieser Firma nicht alle Leistungen, die wir eigentlich bezahlt hatten, abgerufen und da konnte ich dann bei diesem Folgeprojekt hoch pokern. Das habe ich auch gemacht und es war für uns sehr erfolgreich, aber wohl habe ich mich dabei eigentlich nicht gefühlt."	
Interviewerin Frau K.	„Warum haben Sie sich denn nicht wohlgefühlt?"	Auf Signalwörter, wie z. B. „unwohl", „Angst", „Unsicherheit", achten und diese aufgreifen
Projektleiter M.	„Ich wollte ja mit dem Verhandlungspartner dort auch noch in Zukunft gut zusammenarbeiten und nicht schon am Anfang eine schlechte Stimmung haben, weil er sich übervorteilt fühlt."	
Interviewerin Frau K.	„Wieso übervorteilt?"	Immer wieder Impulse geben, um das Gespräch zu lenken
Projektleiter M.	„Er muss den Preis, den wir aushandeln, ja intern auch wieder seinem Chef verkaufen und der hat ihm dann wohl eine auf den Deckel gegeben und gesagt, mit seiner Beförderung sähe es aber schlecht aus, wenn er so geringen Umsatz macht."	

Auszug aus einem fiktiven Interview		Tipps für den narrativen Teil des Interviews
Interviewerin Frau K.	„Sicher hat sich diese Problematik auf den Verlauf des Projektes ausgewirkt?"	**Spekulationen anstellen, um den Gesprächspartner aus der Reserve zu locken**
Projektleiter M.	„Das können Sie sich ja vorstellen. Immer, wenn wir ein kleines Extra wollten, was im letzten Projekt nie ein Problem war, hieß es jetzt: Da wollen wir dann aber auch mehr Geld und müssen einen Zusatzvertrag machen …"	
Interviewerin Frau K.	„Und was war für Sie das schönste Erlebnis während des Projektes?"	**Maximalfragen stellen: das Schönste, Schlimmste etc., darüber gibt es die meisten Geschichten zu erzählen**
Projektleiter M.	„Das war eigentlich der Abend, an dem der Projektleiter der Firma X und ich zuvor ein anstrengendes Meeting hatten und dann noch gemeinsam essen gegangen sind. Da hat er mir dann mal alle seine internen Probleme erzählt und ich habe erst mal verstanden, unter was für einem enormen Druck er da gestanden hat. Da tat es mir fast Leid, dass wir so unnachgiebig waren."	
Interviewerin Frau K.	„Wie würden Sie in Zukunft mit so etwas umgehen?"	**Fragen nach den Lehren und Erfahrungen**
Projektleiter M.	„Also ich glaube, ich würde viel mehr abwägen, ob es sich wirklich lohnt, für ein paar Euros mehr oder weniger, die im Vertrag stehen, die Beziehung zu den Projektpartnern aufs Spiel zu setzen, zumal wir jetzt immer wieder über Nachforderungen diskutieren müssen."	

Tipps und Erfahrungen

- Es ist von Vorteil, wenn zwei Personen aus dem Storytelling-Team das Interview durchführen. Dabei sollte ein Interviewer die Gesprächsführung übernehmen und der andere im Auge behalten, ob alle wichtigen Themen und Fragen angesprochen werden. Daneben kann er sich Notizen machen und weiterführende Fragen formulieren und diese am Ende des Gesprächs aufgreifen.
- Die Aufnahmetechnik für die Interviews (Tonband, digitale Aufnahme etc.) sollte frühzeitig geklärt und ausreichend getestet werden.
- Ein Digitalstift (z. B. Smartpen) kann als Aufnahmegerät gute Dienste leisten. Er wird in Verbindung mit digitalem Papier dazu benutzt, handschriftliche Notizen zu erfassen, zu speichern und auf einen Computer zu übertragen. Tippt man auf eine Notizstelle auf dem Block wird, der dazugehörige Teil des Interviews vorgespielt. So können auch für die Auswertung leicht entsprechende Zitate zu bestimmten Themenbereichen wiedergefunden werden.

Ein gewisses Maß an Erfahrung mit Interviewsituationen ist notwendig

Eines sollte zum Schluss der Interviewphase erwähnt werden: Zur erfolgreichen Durchführung der Interviewphase braucht es deutlich mehr als Hinweise zur Erstellung von Leitfäden. Es braucht vor allem Erfahrung im Umgang mit Interviewsituationen und dem situationsbezogenen Eingehen auf den Interviewpartner! Dies ist der eigentliche Schlüssel, um an essenzielle Inhalte für die Erfahrungsgeschichten zu gelangen. Die Beschreibungen hier können dazu eine Stütze bieten, aber nicht Erfahrung und Interviewerkompetenz ersetzen.

Deshalb sollte nach Möglichkeit der Großteil der Interviews von Profis, den externen Storytelling-Teammitgliedern, durchgeführt werden. Ein weiterer positiver Effekt externer Interviewer ist die Tatsache, dass Sachverhalte und Hintergründe von den Befragten verständlicher und eingängiger erzählt werden, da nicht davon ausgegangen wird, dass ein Externer über Fachwissen verfügt. Dies kommt später auch der Verständlichkeit der Erfahrungsgeschichte zugute. Außerdem darf es sich der Externe auch erlauben, nach Tabuthemen zu fragen und hierzu Antworten „herauszukitzeln", was die Inhaltsebene der Geschichten erheblich bereichert.

6.3   Extrahierphase

„Distillation may be the single most vital phase of the learning history process." (Kleiner u. Roth 1996)

Das Drehbuch für die Erfahrungsgeschichte entsteht

Die Extrahierphase hat den Zweck, alle aus der Planungs- und Interviewphase erhaltenen Informationen und Inhalte für die zu schreibende Geschichte zu sichten und sinnvoll zu ordnen. Es geht sozusagen darum, das grobe Drehbuch festzulegen, aus dem die Geschichte entstehen wird. Für unser Beispiel vom Hausbau würde dies bedeuten, dass jetzt die einzelnen herbeigeschafften Teile wie Zement, Ziegel, Holz, Steine, Inventar etc. sinnvoll gruppiert werden, sodass die nacheinander beauftragten Handwerker sofort die benötigten Utensilien finden und reibungslos arbeiten können. Zum Beispiel werden alle Bauelemente für den Keller, für das Bad, die Küche oder für den Dachboden einander zugeordnet. Für Storytelling heißt dies demnach, dass zunächst einzelne Kategorien, nach denen die Interviews, die Bauelemente der Geschichte, ausgewertet werden, entwickelt und benannt werden müssen. Im nächsten Schritt werden dann die Bauelemente der Geschichte, sprich die Zitate aus den Interviews, nach und nach durchgegangen und den gebildeten Kategorien zugeordnet. Ist dies geschehen, kann mit dem eigentlichen Verfassen der Geschichte begonnen werden.

> ⊕ Die Extrahier- bzw. Auswertungsphase wird zu Recht von Kleiner u. Roth (1996) als die kritischste Phase des Storytelling-Prozesses angesehen, denn aus vielen Interviewseiten

muss nun eine logische, nachvollziehbare und aussagefähige Struktur abstrahiert werden, die die Kontur der zu erstellenden Erfahrungsgeschichte bildet. Das ist mit einigem Aufwand und mit erheblichen Zeitressourcen verbunden. Selbst bei einer Teiltranskription der Interviews und einer Parallelisierung der Auswertungsschritte ist der Aufwand immer noch recht hoch und es bedarf einiges an Fingerspitzengefühl und Organisationstalent.

In der Extrahierphase geht es darum, die gesammelten Informationen und Zitate aus der Planungs- und Interviewphase sinnvoll zu strukturieren und damit das „Drehbuch" der Erfahrungsgeschichten zu erstellen. Dafür müssen in einem ersten Schritt geeignete **Auswertungskategorien gebildet** werden, denen die Inhalte der geführten Gespräche und Interviews zugeordnet werden können. Im zweiten Schritt werden dann die **Zitate der Gespräche** Interview für Interview ausgewertet.

6.3.1 Bilden von Auswertungskategorien

■ ■ **Was ist das Ziel?**

Damit die Auswertung der „Masse" an Zitaten aus den Interviews möglichst effizient erfolgen kann, werden in einem ersten Schritt so genannte Auswertungskategorien gebildet. Auswertungskategorien können Themen, Ereignisse, Problembereiche etc. sein, die für die zu schreibende Erfahrungsgeschichte von Interesse sind. Die Auswertungskategorien bilden das grobe Raster, dem die Inhalte der Interviews zugeordnet werden.

Auswertungskategorien sind das Grobraster für die Ordnung der Zitate

Häufig wird aus den Zitaten einer „Kategorie" später eine Kurzgeschichte. Deshalb sollten sie sorgfältig im Team diskutiert und gemeinsam ausgewählt werden.

■ ■ **Wie läuft das ab?**

Die Bildung der Auswertungskategorien erfolgt von zwei unterschiedlichen Ebenen aus:

Top-down- und Bottom-up-Approach

1. Top-down-Approach: Kategorien aus den Wünschen des Unternehmens Top-down bedeutet dabei aus Sicht der Entscheiderebene: Welche Themen sind ihm besonders wichtig bzw. worüber möchte er in der Erfahrungsgeschichte lesen? Diese werden als Auswertungskategorien aufgenommen.

2. Bottom-up-Approach: Kategorien aus den Gesprächen mit den Beteiligten Daneben sollen aber auch Themen berücksichtigt werden, die die am untersuchten Projekt Beteiligten in den Interviews ansprachen.

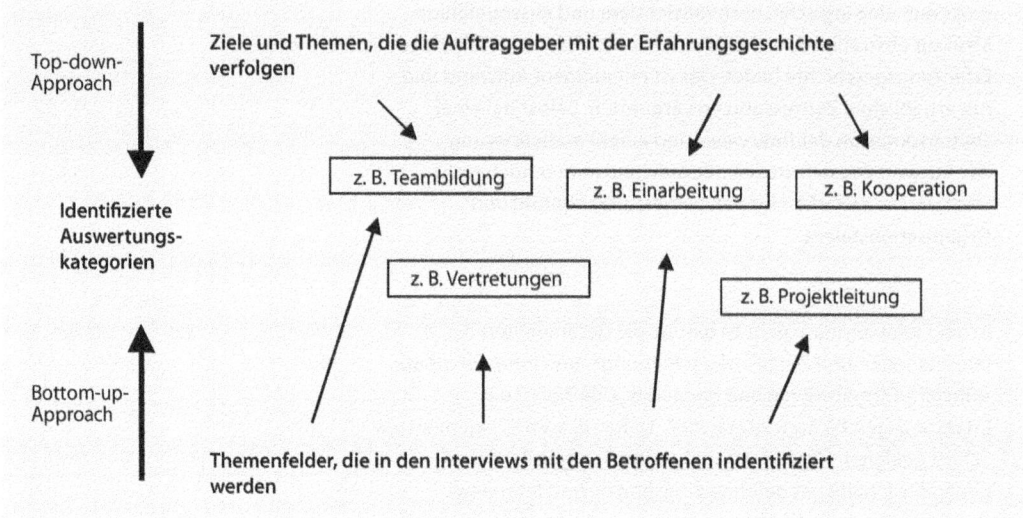

Abb. 6.5   Top-down- und Bottom-up-Approach zur Bestimmung von Auswertungskategorien

Dies sind Themen, die im Wesentlichen erst in den Interviews selbst zur Sprache kamen.

Mit dieser Vorgehensweise soll ein umfassendes Bild über das untersuchte Thema entstehen. Neue, überraschende Elemente, die am Anfang des Storytelling-Projektes noch nicht bekannt waren, werden somit in die Auswertung einbezogen.

◘ Abb. 6.5 zeigt nochmals die beiden Wege der Kategorienbildung auf.

Diese Checkliste finden Sie auch in den Online-Materialien unter ▶ http://extras.springer.com „Checkliste zum Bilden von Auswertungskategorien und zur Transkription". Bitte im entsprechenden Feld die ISBN 978-3-662-49205-5 eingeben

Checkliste zur Bildung von Auswertungskategorien
- Sammeln aller Themen, die dem Auftraggeber bzw. dem Entscheider am Herzen liegen (Top-down-Approach), hierfür als Hilfestellung die Überbegriffe für die themenbezogenen Fragen des Interviewleitfadens heranziehen (▶ Abschn. 6.2.1)
- Aufgreifen der Themen und Inhalte, die in den Interviews von den Beteiligten darüber hinaus angesprochen wurden (Bottom-up-Approach). Als Hilfestellung sollte im Team darüber diskutiert werden, was von den Betroffenen im narrativen Teil des Interviews öfter genannt und übereinstimmend als wichtig erachtet wurde
- Diskutieren und Priorisieren der Kategorien im Team. Anschließend werden die gefundenen Kategorien gemeinsam im Team besprochen und darüber abgestimmt, welche tatsächlich für die Auswertung herangezogen werden sollen

> **Tipps und Erfahrungen**
>
> Es sollten nicht zu viele Kategorien gebildet werden, da sonst die Zuordnung der Zitate in der Auswertung erschwert wird. Es kann auch eine Art Überkategorie, wie z. B. Kommunikation, gebildet werden, unter der sich verschiedene Unterkategorien einordnen lassen (z. B. Besprechungen, Telefonkonferenzen, Kommunikation zwischen Hierarchien).

6.3.2 Vorgehen zur Auswertung der Interviewinhalte

■ ■ **Was ist das Ziel?**

Nun folgt die eigentliche Auswertung der Interviews, d. h. das Transkribieren der Zitate und das Zuordnen der Inhalte zu den gewählten Kategorien. Am Ende der Extrahierphase liegen die Zitate aller Interviews nach Themen (Kategorien) geordnet in schriftlicher Form vor und es kann mit der Feinarbeit, dem Schreiben der Kurzgeschichten, begonnen werden. Die unten aufgeführte Beschreibung des Ablaufs der Auswertung ist angelehnt an das Verfahren der qualitativen Inhaltsanalyse, das in der qualitativen Sozialforschung breite Anwendung findet.

Ordnen der Zitate nach Themen

> **Definition**
>
> Für das Auswerten großer Textmengen und Interviews empfiehlt die qualitative Sozialforschung ein Verfahren: die **qualitative (zusammenfassende) Inhaltsanalyse**. Ziel der qualitativen Inhaltsanalyse ist es, Texte systematisch zu analysieren, indem das Material schrittweise anhand eines spezifisch entwickelten und festgelegten Kategoriensystems (wie in ▶ Abschn. 6.3.1 beschrieben) bearbeitet wird (vgl. Mayring 2002). Das Textmaterial (die Zitate der Interviews) wird dabei nach und nach angehört und zu den identifizierten Auswertungskategorien zugeordnet (transkribiert).

■ ■ **Wie läuft das ab?**

Selbst bei einer kleineren Anzahl an geführten Interviews ist das Transkribieren und Zuordnen von Zitaten eine recht mühsame Arbeit. Eine ausführliche Vorbereitung dieses Schrittes und eine sinnvolle Arbeitsteilung im Team sind daher essenziell.

Eine Arbeitsteilung bei der Transkription ist sinnvoll

Um den Zeitaufwand für diese Phase möglichst gering zu halten, sollte versucht werden, so viele Schritte wie möglich parallel durchzuführen. Die folgende Ablaufbeschreibung gibt ein Beispiel, wie eine effiziente und zeitsparende Auswertung aussehen kann.

> ⌐ **Tipps und Erfahrungen** ─────────────────────
>
> Es erleichtert die Transkription, wenn alle Interviews in einem
> Audioformat vorliegen, das ein gleichzeitiges Hören der
> Interviews und Transkribieren in ein Textverarbeitungsprogramm
> möglich macht. Hierfür gibt es bereits sinnvolle Software-
> lösungen (z. B. Freeware wie Winamp, F4).

„Schlüsselinterviews" werden
zuerst ausgewertet

Transkription bestimmter Zitate und Zuordnung zu Kategorien   Alle
Interviews werden jetzt transkribiert. Dabei empfiehlt sich folgende
Reihenfolge: Als Erstes werden die Interviews mit Personen ausgewertet, die einen breiteren Überblick über das Projekt hatten (z. B. Projektleiter, Mitarbeiter, die von Anfang an dabei waren).

Dies sind die „Schlüsselinterviews", mit denen das Projekt in seiner
Gesamtheit erschlossen werden kann. Danach werden die Interviews,
die tiefer gehende Einblicke in bestimmte Prozesse und Themenbereiche
geben, ausgewertet. Das sind z. B. Interviews mit beteiligten Spezialisten,
Kunden oder Partnern. Dann folgen die restlichen Interviews, bei denen
eher ein oder mehrere ausgewählte Bereiche im Vordergrund standen
und die als Ergänzung zu den anderen Interviews anzusehen sind (z. B.
Gespräche mit Praktikanten, Aushilfen). Dieses trichterförmige Vorgehen verschafft den Auswertern zunächst einen allgemeineren Überblick, bevor einzelne Themenbereiche eingehender analysiert werden.

Bei der Transkription der Interviews wird nun folgendermaßen vorgegangen (alle Schritte können parallel durchgeführt werden):

▪ **1. Jeder Satz bzw. jedes Zitat wird einmal angehört, wobei folgende
Fragen gestellt werden:**

Jedes Zitat wird nur einmal
bearbeitet

▬ Passt das Zitat zu einer der identifizierten Kategorien? Falls ja,
wird es mit Hinweis auf die betreffende Kategorie transkribiert.
Dabei werden Zitate, die zu einer bestimmten Auswertungskategorie gehören, zueinander gruppiert, auch wenn sie im Interview
selbst an verschiedenen zeitlichen Stellen genannt wurden. Falls
das Zitat zu keiner Kategorie passt, stellt sich die Frage:

▬ Liefert das Zitat sonstige wichtige Hintergrundinformationen,
Beschreibungen oder Themen, die wichtig sein könnten? Falls
ja, wird eine Kategorie „Sonstiges" eröffnet, unter der solche
wichtigen, aber zunächst zu keiner Kategorie zuordenbaren
Inhalte subsumiert werden. Vor dem Zitat wird kurz erklärt,
warum das Zitat wichtig ist und wozu es beim Schreiben der
Geschichte evtl. dienen kann.

▬ Festgehalten werden darüber hinaus Hintergrundinformationen
über die interviewte Person (Aufgabenbereiche, Ausbildung etc.).

Zitate, die durch dieses Raster fallen und nach gründlicher Einschätzung durch die Auswerter keinen Mehrwert für die Erfahrungsgeschichte liefern (weil z. B. über technische Details oder über andere
Projekte gesprochen wird), werden nicht transkribiert. So werden nach
und nach alle Interviews bearbeitet.

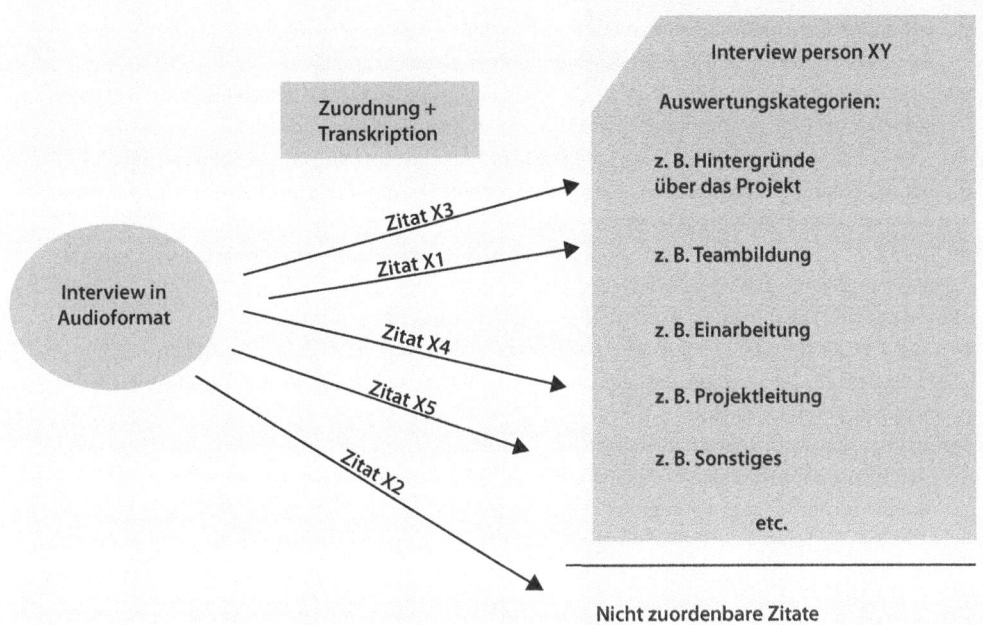

○ Abb. 6.6   Zuordnung der Zitate zu den Kategorien

■ **2. Übertragung der Zitate ins Schriftdeutsch:**

Bereits während der Transkription werden die Zitate ins „normale" Schriftdeutsch übertragen, vollständige Sätze gebildet und Doppelungen gestrichen. Füllwörter, wie z. B. „und", „eh", werden ebenfalls nicht transkribiert. Inwieweit Dialekte und sprachliche Eigenheiten der interviewten Person übernommen werden, sollte im Team vor Beginn der Auswertung entschieden werden, um eine einheitliche Auswertung zu garantieren.

○ Abb. 6.6 stellt das Vorgehen bei der Auswertung der Interviews graphisch dar.

Das folgende Beispiel aus einem Interview mit einem Bereichsleiter eines IT-Unternehmens zeigt auf, wie ein Interview nach der Auswertung aussehen kann:

„Glättung" der Zitate während der Transkription

Online-Materialien: „Checkliste zum Bilden von Auswertungskategorien und zur Transkription" unter http://extras.springer.com. Bitte im entsprechenden Feld die ISBN 978-3-662-49205-5 eingeben

Beispiel

Auswertung des Interviews mit dem zuständigen Bereichsleiter des Z-Projektes:

1. Zuordnung von Zitaten zu identifizierten Kategorien:

— **Kategorie 1: Teambildung**

— „Dadurch, dass die extern sitzen, bilden die viel mehr ein in sich geschlossenes Team. Man ist dann vom Unternehmen abgeschnitten. Man hat ein kleines Team und die Kommunikationsstrukturen sind wesentlich einfacher. Da kommt dann automatisch der Teamgedanke auf. Ich sehe das mit einem lachenden und einem weinenden Auge, weil es dadurch umso schwieriger ist, ein Verständnis für den Bereich Software Projects oder unser Unternehmen selber zu etablieren."

- „Das Team ist von seiner Struktur her, dadurch, dass es so langsam aus verschiedensten Quellen aufgebaut wurde, relativ inhomogen. Da waren durchaus Probleme drin."

- „Das Geheimnis für ein gutes Team ist meines Erachtens, jedem Mitglied das Gefühl zu geben, nicht nur das Gefühl, es muss dann auch so sein, dass er eine wichtige Rolle im Projekt spielt und seine Rolle muss auch klar definiert und anerkannt sein."

- „Die Kunst ist, konstruktives Feedback zu geben: Da ist ein Problem, das müssen wir beim nächsten Mal besser machen und dann passt das auch."

- **Kategorie 2: Einbindung externer Partner ins Projekt bzw. Team**

- „Auch die Einbindung der externen Mitarbeiter war durchaus nicht einfach. Sie haben eher ihre Firma gesehen und weniger das Team und das ist immer ein potenzieller Konfliktpunkt. Auch die Arbeitsleistung war Thema."

- „Es liegt auch viel an der Persönlichkeit der Mitarbeiter, ob man sich eben in ein anderes Team integrieren will oder nicht. An der Stelle war die Persönlichkeit von den Leuten nicht da, sich zu integrieren und auch einzubringen."

- „Ich sehe durchaus einen Konflikt zwischen den Visionen vom Geschäftsführer in der Richtung, dass wir wachsen, aber nicht unbedingt durch eigene Mitarbeiter, sondern durch Vergabe an Fremdfirmen. Das ist die Vision. Wir sehen aber aus der Erfahrung in den Projekten, dass der Einsatz von externen Mitarbeitern sehr problematisch ist."

- **Kategorie 3: Projektleitung**

- „Das ist interessant. Hauptsächlich sehe ich, dass jemand ein guter Projektleiter ist, am Selbstmanagement. Also wie gut es einer schafft, sich selbst zu managen. Das ist der erste Schritt."

- „Die Leute sollten zunächst bei einem versierten Projektleiter Erfahrungen gewinnen und es dann im nächsten Projekt selbstständig umsetzen."

- **Kategorie 4: Unternehmenskultur**

- „Das ist eines der Geheimnisse unserer Firma: diese Kollegialität untereinander, dass man durchaus auch zum Nächsten gehen kann und fragt: Wie geht denn das? Das hat der Geschäftsführer historisch stark geprägt. Das war schon immer so. Das war mit fünf Mitarbeitern so, mit 50 und ist immer noch so. Ich sehe zwar schon, dass wir uns weiterentwickeln, und dass die Kollegialität immer mehr in kleinere Teams wandert."

- „Was durchaus ein Problem bei uns ist, dass das Weiterentwickeln von Mitarbeitern stark von den Führungsfähigkeiten der Personen abhängt. Sprich, jemand der gut ist in einem technischen Bereich, der tut sich schwer, seine Rolle zu definieren. Das Unternehmen ist sehr stark umsatzorientiert. Was ganz wichtig ist, denn wir müssen Umsatz machen. Aber er braucht immer Leute, die für ihn diesen Umsatz verantworten. Diese Verantwortung geht weiter bis zu den Projektleitern 'runter. Wenn jetzt jemand da ist, der ein guter Systemarchitekt ist, dann wird der ziemlich schnell in eine Projektleiterrolle reingedrängt, wo er Umsatzverantwortung hat. Da sehe ich durchaus, dass Mitarbeiter damit Schwierigkeiten haben. Manche wollen zwar technische Kompetenz haben, aber nicht unbedingt die Führungskompetenzen. Für die können wir im Moment nicht eine so saubere Antwort geben. Die sind dann immer die zweiten im Projekt, wir haben ja den Projektleiter, der steht an erster Stelle, der leitet das Projekt. Da laufen wir langsam in einen Konflikt rein. Wir müssen eine Lösung dafür finden."

2. **Sonstige Themen**
- **Projektbeschreibung bzw. Projekterleben**
- „Im Dezember fing es an, da waren die ersten Verhandlungen. Da waren der technische Projektleiter und dann ziemlich schnell auch der Mitarbeiter Atlas mit im Projekt. Das war so ein schönes kleines

Projekt. Da haben wir gesagt, super. Wir haben aber schon gesehen, dass da ein Riesenpotenzial drin steckt. Ab Februar/März haben wir dann immer mehr Leute dort untergebracht. Der April war positiv, da hat uns der Kunde einen weiteren Vertrag versprochen und forderte sechs weitere Leute an. Zunächst natürlich toll für uns. Wir waren dann ganz aufgeregt, wie kriegen wir die sechs Leute zusammen. Wir haben dann händeringend aus allen Teams Leute rausgezogen, um sie dem Kunden präsentieren zu können. Das war am Freitag und am Montag hat es dann geheißen: schön, aber wir sind noch nicht so weit. Das war so ganz typisch für diesen Kunden. Die haben bei uns angefragt, ob wir die Leute bringen können. Wir reißen uns alle Haxen aus und dann heißt es wieder: Tut uns Leid, war noch nichts. Die sechs Leute kamen dann schließlich ins Projekt, aber wesentlich später. So Mitte Mai/Juni."

- „Im August hatten wir 15 Leute unter Vertrag und dann lief es ganz toll und dann Anfang September ging es massiv bergab, da hieß es Projektstopp. Also, alle Verträge laufen aus und wir wussten nicht mehr, wie wir die Leute unterbringen."
- „Was ich ganz positiv fand, war, dass es auch eine Chance für unsere Mitarbeiter ist, sich dort zu entwickeln."
- **Erlebnisse beim Kunden bzw. Lernen vom Kunden**
- „Wir haben innerhalb des Projektes dann gesehen, aha, was der Kunde da an Projektplan, an Risikoanalyse, an Testdrehbuch hat. Bei uns haben wir diese Projektkultur noch nicht. Keiner von uns hat gewusst, wie man ein Testdrehbuch schreibt, so allgemein natürlich schon. Das hilft ungemein. Das war schon gut, dass wir das vom Kunden übernehmen konnten."
- „Ein nächster Schritt ist, dass wir bei uns selbst so eine Dokumentationskultur, Software-Engineering-Kultur, noch weiter etablieren. Da gibt es schon ziemlich Druck."

3. Personenbeschreibung
- Arbeitet seit 1991 mit dem Geschäftsführer zusammen. Seit der letzten Umstrukturierung leitet er den Bereich Software Projects. Formal ist das Z-Projekt seinem Bereich zugeordnet. Das heißt, er trägt die Umsatz- und Mitarbeiterverantwortung für Z. Er bezeichnet seine Rolle im Z-Projekt allerdings als „eher überwachend".

Während der Extrahierphase setzt sich das Team der Erfahrungshistoriker immer wieder zusammen, um über die Bedeutung und Relevanz von Inhalten, Vorkommnissen und Themenbereichen innerhalb des Projektes zu diskutieren. Durch diesen Meinungsaustausch können Fehlinterpretationen und -einschätzungen über die Bedeutung und Abläufe von Ereignissen erkannt und vermieden werden.

In den Online-Materialien unter ► http://extras.springer.com finden Sie eine Vorlage zur Auswertung der Interviews. Bitte im entsprechenden Feld die ISBN 978-3-662-49205-5 eingeben

6.4   Schreibphase

„Erzählen ist wie Tanzen: im Rhythmus des Tanzenden bewegt sich der Erzähler auf die Wirklichkeit zu." (Cesare Pavese in „Der böse Blick")

Verweben aller Teile zu einer Geschichte

Jetzt geht es daran, alles was in den vorhergehenden Phasen gesammelt, strukturiert und ausgewertet wurde, so miteinander zu verweben, dass eine in sich stimmige, spannende und lehrreiche Geschichte daraus wird.

Jetzt wird das „Storytelling-Haus" nach so viel Planung, Beschaffung und Ordnung von Bauelementen hochgezogen, verputzt, Bad und Küche eingebaut und schließlich wird es mit den gekauften Möbeln bestückt und dekoriert.

Der „kreative" Teil von Storytelling

Für Storytelling heißt dies, das Erfahrungsdokument wird jetzt erstellt. Dafür werden zunächst die Inhalte und Handlungsstränge der zu schreibenden Kurzgeschichten festgelegt und mit Leben gefüllt. Anschließend wird das „Managementsummary" erstellt, in dem Einleitung, Hinweise zum Lesen der Geschichte und Hintergrundinformationen zum Projekt gegeben werden.

Am Ende der Schreibphase ist das Erfahrungsdokument fertig und kann den Beteiligten zurückgespiegelt werden.

> ❶ Das Schreiben der Erfahrungsgeschichte heißt auch, dass der eigentliche „kreative" Teil von Storytelling beginnt und damit auch der Abschnitt, bei dem zwar einige unterstützende Handlungsanleitungen gegeben werden können, aber keine allgemeingültigen Patentrezepte. Dies gilt im Grunde für den gesamten Storytelling-Prozess, aber insbesondere für die Schreibphase, denn jede Erfahrungsgeschichte stellt letzten Endes etwas Einzigartiges dar. Die Entwicklung der Kurzgeschichten hat viel mit dem „Schreiber" und dessen Stil zu tun. Die Kurzgeschichte trägt die Handschrift ihres Autors und wird sich je nachdem, wer sie schreibt, unter Umständen ganz anders lesen und ganz andere Inhalte hervorheben. Hier bleibt Raum für eigene Ideen und Erfahrungen. Das lässt sich weder vermeiden, noch soll dies angestrebt werden. Wichtig ist jedoch, beim Schreiben folgende drei Punkte nicht aus den Augen zu verlieren:
> ▬ Sind die Inhalte **wahr** und mit den anfangs vereinbarten Zielsetzungen vereinbar?
> ▬ Sind die Geschichten für die Leser spannend und können sie sich mit den Inhalten identifizieren?
> ▬ Sind die Inhalte der Geschichten lehrreich für die Leser und können sie die erzählten Erfahrungen in ihren Arbeitsalltag übertragen?

> In der Schreibphase geht es darum, das Erfahrungsdokument zu erstellen, das im Unternehmen verbreitet werden soll. Dies geschieht in drei Schritten: erstens durch das Festlegen des **Aufbaus und der Inhalte der Kurzgeschichten** und zweitens durch das **Schreiben der Kurzgeschichten**. Zuletzt wird das **Managementsummary des Erfahrungsdokumentes** erstellt. Die Schreibphase ist die kreativste, aber auch am wenigsten durch Handlungsanleitungen zu unterstützende Phase der Storytelling-Methode.

6.4.1 Aufbau der Kurzgeschichten

■■ **Was ist das Ziel?**

Bevor mit dem eigentlichen Schreiben der Geschichten begonnen werden kann, bedarf es aufgrund der Menge an Zitaten aus den Interviews einer Reihe von Vorbereitungen, die das Schreiben erleichtern. Dabei ist zunächst grundsätzlich über den Aufbau und die Reihenfolge der Geschichten nachzudenken. Dabei muss z. B. die Frage beantwortet werden, ob die Kurzgeschichten chronologisch oder themenzentriert erzählt werden sollen. Auch muss geprüft werden, ob für jede der geplanten Kurzgeschichten genügend spannender und lehrreicher Stoff vorhanden ist. Die im Folgenden beschriebenen Schritte können diesen Vorgang unterstützen.

Chronologisch oder themenzentriert?

■■ **Wie läuft das ab?**

1. Festlegung des Aufbaus der Erfahrungsgeschichte Zunächst wird über die grundsätzliche Aufbauform der Erfahrungsgeschichte entschieden. Je nach dem Ziel, das (► Abschn. 6.1.1 „Planungsphase") das Unternehmen mit der Geschichte und den identifizierten Auswertungskategorien (► Abschn. 6.3.1 „Extrahierphase") verfolgt, sind unterschiedliche Aufbauformen sinnvoll (◻ Abb. 6.7).

Grundsätzlich ist zwischen chronologischem und themenorientiertem Aufbau zu unterscheiden: Ein chronologischer Aufbau der Erfahrungsgeschichte eignet sich dann, wenn das Ziel, des Unternehmens die Ableitung von konkreten Verbesserungs- und Lösungsansätzen für nachfolgende ähnliche Projekte oder Prozesse ist. Will z. B. ein Automobilzulieferer, der im nächsten Jahr den Bau einer großen Anlage plant, mittels Storytelling ein ähnliches Projekt untersuchen lassen, um für das geplante Projekt aus der Vergangenheit zu lernen, bietet sich ein chronologischer Aufbau an.

Anhand der chronologischen Darstellung können so bestehende Probleme und übertragbare Lösungen von den Lesern am besten erkannt und auf zukünftige Projekte und Prozesse übertragen werden.

Ein themenorientierter Aufbau ist dann zu empfehlen, wenn das Unternehmen mit der zu schreibenden Erfahrungsgeschichte eher typische Problemfelder analysieren und lösen möchte (z. B. Einarbeitung neuer Mitarbeiter, Projektmanagement, Führungsfragen, Teamarbeit) oder die „reale" Unternehmenskultur aufdecken und verändern will. Für die Leser ist es einfacher, wenn sich die Kurzgeschichten dann um bestimmte Themen- und Problembereiche ranken.

Generell sind auch Mischformen denkbar, in denen chronologische und themenorientierte Aufbauelemente miteinander vermischt sind. Das ist z. B. dann anzustreben, wenn das Unternehmen neben dem Ableiten von konkreten Maßnahmen, um Projekte zu verbessern, auch gezielt bestimmte übergreifende Themen, wie z. B. Führung oder Motivation, ansprechen möchte. Dieser Aufbau sollte allerdings nur in Ausnahmefällen gewählt werden, da dieser sowohl für das Team der

Auch Mischformen sind denkbar

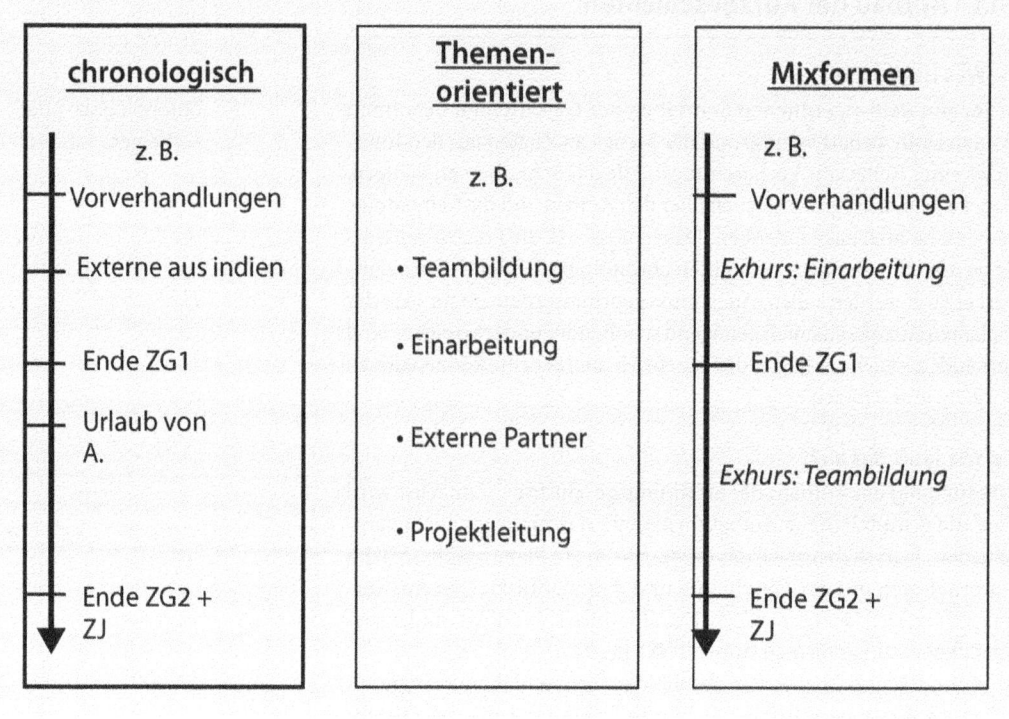

□ Abb. 6.7   Aufbauformen der Erfahrungsgeschichte

Erfahrungshistoriker einen erhöhten Aufwand darstellt (Entwicklung verschiedener in sich stimmiger Handlungsstränge und Geschichtsformen), als auch für den Leser leicht verwirrend sein kann.

Neben der Zielsetzung der Erfahrungsgeschichte, die in der Planungsphase (▶ Abschn. 6.1.1) diskutiert wurde, geben auch die in der Extrahierphase gebildeten Auswertungskategorien (▶ Abschn. 6.3.1) einen Hinweis auf die zu wählende Form. Sind vornehmlich chronologische Abläufe und markante Ereignisse als Kategorien identifiziert worden, so ist auch der Aufbau der Erfahrungsgeschichte eher chronologisch anzulegen. Sind hingegen Kategorien benannt worden, die bestimmte, immer wiederkehrende Phänomene und Problembereiche umreißen, so ist dies ein Hinweis für einen eher themenorientierten Aufbau.

> 🛈 Es kann auch passieren, dass das Storytelling-Team über den Aufbau der Erfahrungsgeschichte eher intuitiv entscheidet oder dass dieser bereits zu Beginn des Prozesses feststeht. Da die Festlegung des Aufbaus großen Einfluss auf die Gestaltung der Kurzgeschichten nimmt, sollte er jedoch gut durchdacht werden, ggf. sollte auch der Entscheider an der Auswahl beteiligt werden.

Festlegen der Reihenfolge der Kurzgeschichten

2. Festlegen der Reihenfolge der Kurzgeschichten   Für das Festlegen der Reihenfolge der Kurzgeschichten werden nun alle Auswertungskategorien

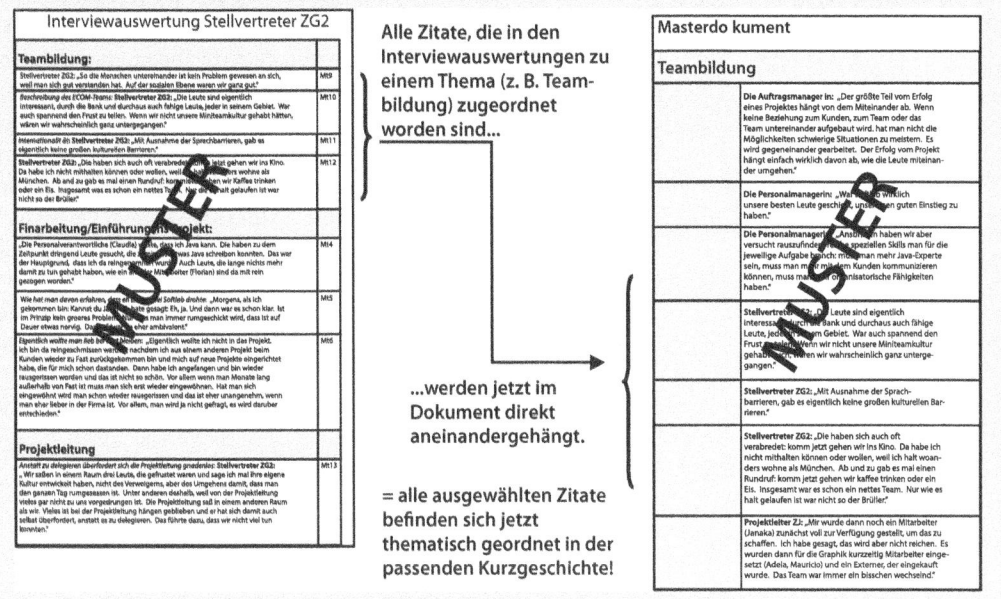

◻ Abb. 6.8 Übertragung der Zitate in die Kurzgeschichten

herangezogen. Zunächst muss entschieden werden, ob aus jeder der gefundenen Kategorien eine Kurzgeschichte entstehen soll oder ob einige der Kategorien zu einer Kurzgeschichte zusammengefasst werden können. Im nächsten Schritt werden die Inhalte der Kurzgeschichten in eine für die Erfahrungsgeschichte sinnvolle Reihenfolge gebracht. Wird ein chronologischer Aufbau gewählt, werden die Kurzgeschichten gemäß ihrem zeitlichen Ablauf angeordnet. Bei einem themenorientierten Aufbau muss überlegt werden, welche Reihenfolge beim Leser eine gewisse Neugier und Spannung erzeugen kann (Aufbau eines Spannungsbogens) oder ob sich die Themen der Kurzgeschichten z. B. an den Projektmanagementabläufen orientieren (z. B. 1. Teambildung, 2. Einarbeitung, 3. Projektleitung, 4. Umgang mit Kunden). Je nach den Inhalten der Kurzgeschichten muss individuell entschieden werden.

3. Strukturierter Umgang mit den Auswertungsdaten Um nun möglichst strukturiert mit den ausgewerteten Interviews weiterarbeiten zu können, hat sich folgendes Vorgehen bewährt: Für jede zu schreibende Kurzgeschichte wird ein Dokument erstellt (z. B. für die Kurzgeschichte „Teambildung"). Dann wird jedes ausgewertete Interview angeschaut und alle Zitate, die unter dieser Auswertungskategorie transkribiert wurden, markiert und in das Dokument der entsprechenden Kurzgeschichte hineinkopiert. So wird mit allen Interviews und mit allen zu schreibenden Kurzgeschichten verfahren. Am Ende dieses Schritts hat man für jede Kurzgeschichte ein Dokument, in dem sich alle Zitate der Befragten aus den Interviews über dieses Thema befinden. ◻ Abb. 6.8 illustriert diesen Vorgang.

Zuordnen von Zitaten zur passenden Kurzgeschichte

Prüfung der Güte des Materials

4. Erstellen von Handlungssträngen innerhalb der Kurzgeschichten   Im Anschluss müssen alle Zitate der unterschiedlichen Interviewpartner, die sich in den Kurzgeschichten-Dokumenten befinden, einmal durchgelesen werden. Während des Lesens wird dabei alles Auffällige, Interessante und Lehrreiche festgehalten, d. h. es werden erste inhaltlichen Schwerpunkte und Handlungsstränge für die Kurzgeschichten zusammengestellt. Sie helfen später, die Geschichte zu schreiben. Außerdem wird mit dieser Auflistung überprüft, ob für jede Kurzgeschichte auch wirklich genügend „Material" vorliegt, um daraus eine in sich stimmige Geschichte zu schreiben.

Folgendes Beispiel gibt Anregungen für die Handlungsstränge einer Kurzgeschichte zum Thema „Einarbeitung" bei einem Unternehmen:

Beispiel

Kurzgeschichte über die Einarbeitung im Z-Projekt
- Zeitpunkt für die Einarbeitung neuer Mitarbeiter war oft ungünstig (hohe Arbeitsbelastung, keine Zeit).
- Es herrschen (bei Projektleitern) genaue Vorstellungen darüber, wie eingearbeitet werden müsste, aber die Umsetzung in die Praxis ist schwierig.
- Unterschiedliche Einschätzung über die Einarbeitung innerhalb des EBIZZ-Projektes (Geschäftsführer: war gut; Praktikantin + Stellvertreter CE2: war schlecht und kaum vorhanden).
- Die erste Zeit im Projekt war für manche chaotisch.
- Delegieren von Arbeiten von Projektleiter an Mitarbeiter gestaltete sich schwierig (Thema abgeben können).
- Ungleichgewicht an Belastungen (Projektleiter: sehr hoch; Mitarbeiter: teilweise unterfordert).
- Verbesserungsideen für die Zukunft: lernen, sich einen Überblick zu verschaffen, mehr Zeit für Einarbeitung einplanen.

Diese Checkliste finden Sie auch in den Online-Materialien „Unterstützung bei der Erstellung der Erfahrungsgeschichte" unter ► http://extras.springer.com. Bitte im entsprechenden Feld die ISBN 978-3-662-49205-5 eingeben

Checkliste für den Aufbau von Kurzgeschichten:
- Entscheidung zwischen **chronologischem** und **themenorientiertem Aufbau** der Erfahrungsgeschichte fällen
- Festlegung der **Reihenfolge der Kurzgeschichten** im Erfahrungsdokument
- **Zitate** der ausgewerteten Interviews **der entsprechenden Kurzgeschichte zuordnen**
- Zusammenstellen aller **Handlungsstränge und Inhaltsschwerpunkte innerhalb jeder Kurzgeschichte**

6.4.2 Leitlinien für die Gestaltung der Kurzgeschichten

■ ■ **Was ist das Ziel?**

Jetzt ist es soweit, das Erfahrungsdokument wird geschrieben. Dazu muss zunächst eine Dramaturgie innerhalb der Kurzgeschichten erstellt werden. Das heißt, die Geschichte wird auf einen Spannungsbogen hin konzipiert. Daneben werden Einleitungs- und Zwischentexte geschrieben. Sie bilden den „Klebstoff" zwischen den Zitaten der Beteiligten, machen die Geschichte nachvollziehbar und schaffen verständliche Übergänge zwischen den Sinneinheiten. Sozusagen als „i-Tüpfelchen" werden zum Schluss die für das Erfahrungsdokument typischen „Kommentare am Rand" hinzugefügt.

Dramaturgie der Kurzgeschichte

Ergänzung durch Analogien, Comics, Bilder

Tipps und Erfahrungen

Es ist zu überlegen, ob in die Kurzgeschichten neben dem Text auch Comics, Analogien und Bilder eingesetzt werden sollen. Besonders heikle Themen oder Tabus, die nicht offen ausgesprochen werden können, können mittels Bilder oder Analogie angedeutet werden und fließen somit in die Geschichte ein. Auch später, wenn über die Inhalte der Erfahrungsgeschichte im Unternehmen diskutiert wird, tut man sich mitunter leichter, über bestimmte Themen in Form von Bildern oder Analogien zu sprechen als über reale Sachverhalte und Missstände. Es ist sogar möglich die ganze Erfahrungsgeschichte in eine fiktive Welt zu übertragen, in der archetypische Protagonisten die Geschehnisse erleben. (◘ Abb. 6.9 zeigt einen Comic aus einer, in eine fiktive Welt übertragenen Erfahrungsgeschichte bei einem Triebwerkshersteller.)

Beispiel

Hier eine Analogie, die in einer Erfahrungsgeschichte bei einem großen Automobilzulieferer zum Thema: Einzelkämpfer versus Team „Zusammen bin ich stärker!" eingesetzt wurde und für viel Gesprächsstoff bzw. Wiedererkennungseffekte im befragten Team sorgte:

„Haben Sie schon mal 5- bis 6-Jährige Fußball spielen sehen? Alle rennen im Pulk hinter dem Ball her und alle schreien ‚Gib ab!'. Nach dem Spiel tönen sie dann stolz: ‚Wir sind eine Mannschaft!'"

■ ■ **Wie läuft das ab?**

Die folgende Beschreibung für das Erstellen der Kurzgeschichte ist nicht als verbindliche Vorgabe zu verstehen, sondern als unterstützende Hilfestellung und Anregung zur weiteren Ausgestaltung:

Hilfestellungen für das Schreiben der Kurzgeschichten

Abb. 6.9   Beispiel für ein Comic aus einer Erfahrungsgeschichte

1. Gruppierung der Zitate in der Kurzgeschichte   In diesem Schritt werden in jedem Kurzgeschichtendokument die chronologisch oder thematisch zueinander passenden Zitate gruppiert. Nicht zuordenbare Zitate oder Zitate mit gleicher Bedeutung werden dabei aussortiert (wobei das treffendere Zitat erhalten bleibt). Zur Unterstützung dieses Vorgangs werden die zusammengefassten Handlungsstränge herangezogen.

Jetzt sind die Zitate, die sich in den Dokumenten der Kurzgeschichten befinden, thematisch bzw. zeitlich geordnet.

2. Dramaturgie der Kurzgeschichten   Was noch fehlt, ist eine schlüssige Reihenfolge der gruppierten Zitate. Dafür muss eine „Dramaturgie" der Kurzgeschichte festgelegt werden (**D** Abb. 6.10). Wichtig ist dabei vor allem, einen nachvollziehbaren Spannungsbogen zu entwickeln. Als Anhaltspunkt kann folgendes Aufbauschema dienen:
- **Einführung in Thema, Problem bzw. Meilenstein**
  Der Einstieg in die Geschichte erfolgt mit Zitaten, die erklären, worum es in der Kurzgeschichte geht und wie die Problem- bzw. Ausgangslage war. Der Leser erfährt, warum es sich lohnt, die Geschichte weiter zu verfolgen, und soll neugierig werden.
- **Erzählen der verschiedenen Vorkommnisse auf einen Höhepunkt hin**
  Der Hauptteil der Kurzgeschichte sollte aus den verschiedenen Ereignissen rund um das eingangs beschriebene Themenfeld aufgebaut werden. Diese Ereignisse können chronologisch oder

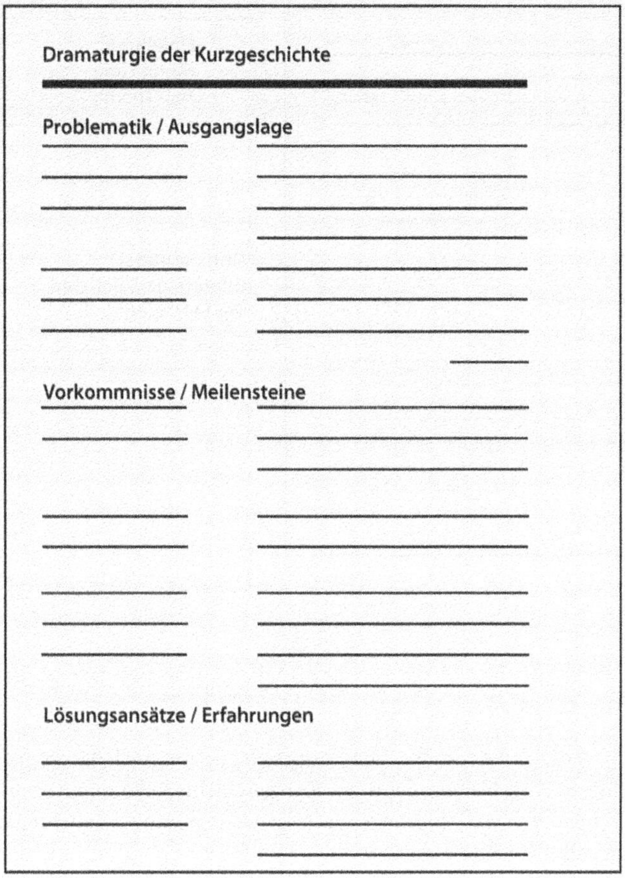

Abb. 6.10 Dramaturgie der Kurzgeschichte

aber in sich verschärfender Problematik angeordnet sein, aber in jedem Falle müssen sie auf einen Höhepunkt zusteuern. Der Leser soll hier erleben, mit welchen Ereignissen und Problemen die Beteiligten zu kämpfen hatten, aber auch welche Erfolge es gab, und ein Verständnis für die Vorkommnisse und die Beteiligten entwickeln.

— **Erfahrungen und Lösungsansätze zur beschriebenen Thematik**
Der Schlussteil der Kurzgeschichte konzentriert sich auf die Beschreibung umgesetzter oder im Nachhinein für sinnvoll erachteter Lösungsstrategien und Erfahrungen der Beteiligten. Der Leser erfährt anhand dessen, wie die Befragten reagiert haben, welche Lösungen und Ideen bereits bestehen und an welchen noch gearbeitet werden muss. Er sollte etwas Konkretes aus der Kurzgeschichte lernen können, aber auch dafür sensibilisiert werden, das Gelesene auf seine eigene Situation zu übertragen.

Bei diesem Vorgehen sollte die Kurzgeschichte immer wieder neu durchdacht und im Storytelling-Team diskutiert werden. Nach und

In den Online-Materialien unter ▶ http://extras.springer.com finden Sie darüber hinaus noch einige allgemeine Tipps und Hilfestellungen für das Schreiben von Kurzgeschichten. Bitte im entsprechenden Feld die ISBN 978-3-662-49205-5 eingeben

Eine Kurzgeschichte hat ca. 3–4 Seiten

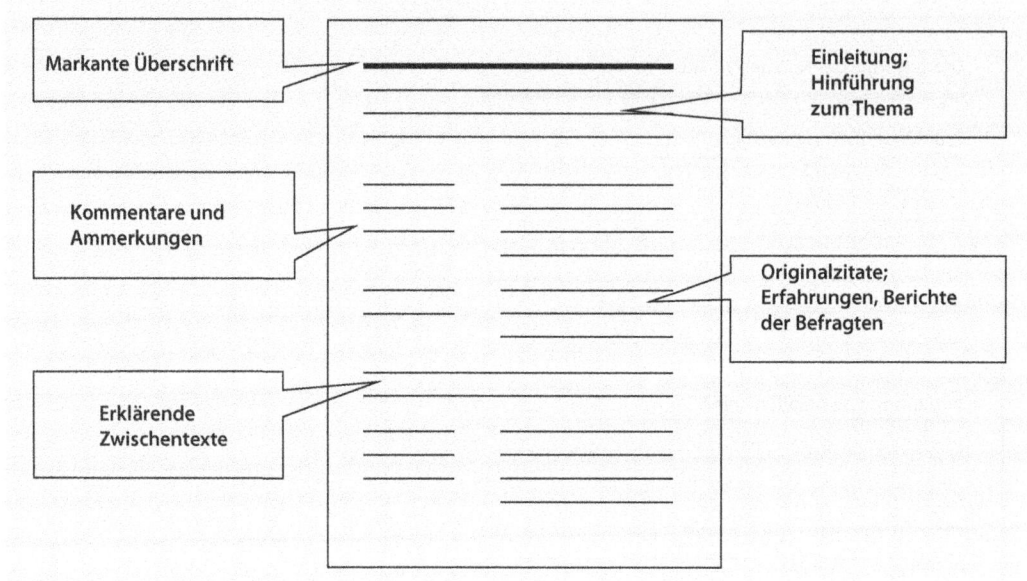

nach werden immer mehr Zitate ausgesiebt, bis nur noch die essenziell wichtigen übrig bleiben, denn eine Kurzgeschichte sollte, damit sie auch zwischendurch von Mitarbeitern gelesen werden kann, möglichst nicht länger als 3–4 Seiten lang sein.

3. Einleitung, Zwischentexte und Kommentare in den Kurzgeschichten

Feinarbeiten: Zwischentexte und Kommentare erstellen

Jetzt geht es an die Feinarbeit. Damit die Kurzgeschichten für den Leser verständlich bleiben, müssen sie noch mit einer markanten Überschrift, einer Einleitung, Zwischentexten und Kommentaren von den Schreibern versehen werden:

- **Überschrift:** Sie ist der „Türöffner" für die Kurzgeschichte und soll den Leser neugierig machen.
- **Einleitung:** Jedes Kapitel und Unterkapitel beginnt mit einer Einleitung, die auf unterhaltsame Weise erklärt, worum es im folgenden Abschnitt geht.
- **Zwischentexte:** Immer dann, wenn sich Zitate nicht lückenlos aneinander reihen lassen oder das Gesagte allein für den Leser nicht verständlich ist, müssen kurze Zwischentexte geschrieben werden, die Übergänge zwischen den Zitaten bilden.
- **Kommentare der Schreiber der Kurzgeschichte:** In der linken Spalte der Kurzgeschichten stehen die Kommentare. Das sind prägnante, teilweise auch provozierende Anmerkungen, Feststellungen und Fragen, die den Leser zum Nachdenken über das

Zitat auf der rechten Seite anregen. Generell sollten Kommentare sparsam eingesetzt werden. Es ist besser, nur wirklich treffende Bemerkungen einzufügen, als das Dokument zu überfrachten. ◨ Abb. 6.11 verdeutlicht dies nochmals.

Online-Materialien: „Unterstützung bei der Erstellung der Erfahrungsgeschichte" unter ▶ http://extras.springer.com. Bitte im entsprechenden Feld die ISBN 978-3-662-49205-5 eingeben

Die folgende Kurzgeschichte ist eine von insgesamt acht themenorientierten Kurzgeschichten aus einem Erfahrungsdokument eines Unternehmens, bei dem es um die Untersuchung und Verbesserung der Projektkultur für groß angelegte Projekte aus dem IT-Bereich ging. Dies ist ein konkretes Beispiel, wie eine Kurzgeschichte aussehen kann:

Beispiel

Einarbeitung

„Wenn ich weiß, ich nehme neue Leute ins Team, dann muss ich für deren Einarbeitung auch ausreichend Zeit bereitstellen."

1. Wie man theoretisch neue Mitarbeiter einarbeitet und wie es aber oft leider in der Projektrealität aussieht …

Das Projekt war in vollem Gange und das Team arbeitete super, so super, dass der Kunde nach weiteren Teilmodulen verlangte. Das Team arbeitete wie verrückt, aber irgendwann reichte es und die Teammitglieder verlangten dringend nach Unterstützung. Um alle Prozesse am Laufen zu halten, wurde im Unternehmen daraufhin auch schnell reagiert und „neue" Mitarbeiter für das Team abkommandiert. Allerdings sollte sich schnell zeigen, dass die „Neuen" im Team nicht unbedingt zu einer Arbeitsentlastung führten. Zunächst schien jedoch alles in Ordnung und die Sache mit der Einarbeitung war für den Projektleiter und den Geschäftsführer sowieso ganz klar …

Notizen!

So muss es doch gelingen! | **Der Projektleiter:** „Ich oder der andere Projektleiter haben die neuen Mitarbeiter eingearbeitet. Wir zeigten ihnen am Rechner, wo alle Sachen sind. Zuerst zeigten wir, wo ist die Kantine, der Drucker, der Kopierer, wo ist dies und das. Danach zeigten wir das System, das wir gemacht haben, die Module und so weiter. Dann zeigten wir, was man beim Kunden nicht machen darf. Dann fangen wir normalerweise mit kleineren Aufgaben an."

Dazu gibt es leider auch andere Erfahrungen … | **Der Geschäftsführer:** „Bei uns werden neue Teammitglieder sehr geduldig eingearbeitet." „Technisch brauchen die keine Einarbeitung, die können das Zeug. Natürlich müssen sie den Kontext erlernen. Aber meines Wissens werden die von der ersten Stunde an verrechnet beim Kunden. Der Umgang mit neuen Mitarbeitern im Team ist äußerst liebenswürdig und geduldig, es wird erklärt, es wird sich darum gekümmert, ob sie überfordert sind oder ob man ihnen helfen muss. Es ist das Bewusstsein da, wir alle investieren in die Zukunft."

Leider zeigte sich in der Projektrealität, dass diese doch so schönen Vorsätze nicht immer zu realisieren waren. Das lag sicherlich auch am enormen Zeitdruck des Projektes, der kaum Raum für Einweisungen ließ. Oder was war sonst der Grund, dass die neuen Teammitglieder die Einarbeitungszeit ganz anders erlebt haben?

Oh weh!

Mitarbeiterin B: „Einarbeitung gibt es keine bei uns. Das ist mir noch nirgendwo passiert, dass ich eingearbeitet wurde. Man sagte: Das ist zu tun, das musst du machen."

Mitarbeiter C: „Es war keine Einweisung, es war gar nichts. Man hat uns zwar schon ein paar Sachen gezeigt, aber es ist so umfangreich, das kann man einfach nicht so in 10 Minuten zeigen."

Mitarbeiter A: „Ein krasses Beispiel ist vielleicht, dass ich nach so sechs bis acht Wochen Projektzugehörigkeit darauf bestanden habe, dass mir jetzt endlich mal einer erklärt, wie das mit so einem speziellen Serverprodukt funktioniert, das ich von Anfang an gebraucht hätte. Ich habe dann richtig Druck gemacht und dann hat es eine Stunde gedauert und dann wusste ich, worum es ging."

Gerade die ersten Tage im neuen Projekt verliefen manchmal etwas chaotisch, und das, obwohl man doch so dringend gebraucht wurde und gleich mit der Arbeit anfangen wollte. Ein Mitarbeiter erinnert sich …

Hilfe! Es kommen neue Mitarbeiter …

… was machen wir mit denen bloß?

Hier gab es wohl ein Kommunikationsproblem

Mitarbeiter C: „Ich hatte mit dem Projektleiter ausgemacht, dass ich ihn anrufe, wenn ich vor dem Gebäude stehe, weil ich komme ja nicht rein. Dann kam ein anderer Mitarbeiter, denn er war nicht da, hat mich geholt und war sehr nett. Er wusste aber gar nicht so genau, was er jetzt mit mir machen sollte. Er wusste nicht, wo ich sitze, ich habe keinen PC gehabt, gar nichts. Ich stand dann so eine Weile und sie wussten nicht, was sie mit mir machen sollten, dann bin ich wieder gegangen. Das war mein erster Tag im Projekt. Erst sollst du ganz dringend kommen und dann ist einfach nichts! "

Aber auch später verlief die Einarbeitung nicht richtig zielgerichtet und teilweise kamen die neuen Mitarbeiter nur per unglücklichem Zufall zu einer Einarbeitungszeit …

Manchmal ermöglichen auch seltsame Zufälle eine Einarbeitungszeit

Mitarbeiterin B: „Am Anfang gab es Schwierigkeiten mit dem Screen Design, da sie sich nicht im Klaren darüber waren, welches die Vorlageseiten sein sollten. Nach einer Woche war das Screen Design dann fertig und dann sind sie gekommen und haben gesagt, das sind aber die falschen Seiten. Dann habe ich die ganzen Seiten noch mal setzen müssen. Was der Vorteil war, dann kannte ich das System und das war dann die Einarbeitung. Zuerst arbeiten lassen auf gut Glück und dann nachher sagen, es war verkehrt, und das war die Einarbeitung."

2. Delegieren von Arbeiten – und warum man sich durch Einarbeitung langfristig selbst entlastet ...

Ein weiterer Grund, warum sich die Einarbeitung der neuen Mitarbeiter so schwierig gestaltete, schien das Ungleichgewicht der Belastungen zu sein. Denn wenn einer bis oben zu mit Arbeit ist, hat er keine Zeit mehr, Personen einzuarbeiten. Und an jemand, der nicht eingearbeitet ist, kann man keine Arbeiten delegieren. Ein Teufelskreis, aus dem es nur schwer ein Entrinnen gibt. Hierzu ein Mitarbeiter:

Die einen sitzen rum und warten, die anderen sind total im Stress!

Mitarbeiter A: „Besser hätte auch laufen können, dass die Projektleiter dann wirklich auch lernen weiterzugeben. Ich habe das erst am Ende mitgekriegt, als ich für eine Woche in einem anderen Raum saß. Da habe ich dann mitgekriegt, wie es eigentlich abläuft. Da ist zwischen zwei Mitarbeitern alles gelaufen. Vieles ist dann gar nicht mehr bis zu unserem Raum vorgedrungen. Die haben die Sachen reingekriegt und haben sie bearbeitet. Die haben so viel Arbeit gehabt und die haben immer mehr Arbeit angehäuft und immer wieder versucht abzuarbeiten, ohne das weiterzugeben. Wir haben nichts davon erfahren oder erst, wenn es gelöst worden ist."

Wenn man den Wald vor lauter Bäumen nicht mehr sieht ...

Der Projektleiter: „Ich hatte insgesamt nur drei Leute zur Verfügung. Die zwei Neuen kannten diese Technologie noch nicht. Ich musste dann viel mehr arbeiten und bin kaum mit der Arbeit nachgekommen."

Alle? Nein, ein paar wissen hingegen nicht, wohin vor lauter Arbeit!

Mitarbeiter C: „Das sind halt so die Sachen, da haben sie total viele Leute abgezogen, die dringend gebraucht werden und dann sitzen alle Leute nur da und machen nichts."

Eine Spirale, aus der es immer schwieriger wird, auszubrechen! Hätte man nur eingearbeitete Mitarbeiter, an die man die Arbeiten abgeben könnte!

Mitarbeiter A: „Ein Mitarbeiter, der schon länger im Team war, hat dann mal zu uns gesagt, warum schafft ihr das nicht, ich schaffe das doch auch? Dann haben wir den Spieß umgedreht und gefragt, warum machst du das eigentlich? Da war bei ihm auch schon Frust da, weil er schon sehr viel gearbeitet hat, er kann auch sehr viel. Aber da die Arbeit immer bei bestimmten Leuten hängen geblieben ist, waren die natürlich auch ein Stück weit überfordert."

Notizen!

3. Wie hätte man einarbeiten können?

Nach all den (teilweise recht frustrierenden) Erlebnissen in der Einarbeitungsphase haben sich einige Mitarbeiter Gedanken über Verbesserungsmöglichkeiten in der Einarbeitungsphase gemacht …

Notizen!

Mitarbeiter C: „Erst einmal hätte ich einen groben Überblick über das Projekt gebraucht. Es waren auch mehrere Neue da und da hätte es sich doch gehört, dass alle Neuen oder das komplette Team einen Überblick erhalten. Weil auch die, die länger da waren, halt an irgendwelchen Seiten rumprogrammiert haben, aber so einen großen Überblick hat, glaube ich, nie einer gehabt. Da mache ich doch lieber mal einen Tag eine Schulung oder eine Einführung und lege die Aufgaben mal klar fest."

Ein schwieriges Thema: Wie soll man die Einarbeitungszeit verbuchen?

Mitarbeiterin B: „Wichtig wäre bei der Einarbeitung auch eine bessere Organisation. Wenn ich weiß, ich stelle neue Leute ein, dann muss ich für deren Einarbeitung auch ausreichend Zeit bereitstellen. Das wird bei uns nicht genügend berücksichtigt. Es werden Leute eingestellt und es wird davon ausgegangen, dass sie dann gleich voll auf das Projekt verbucht werden können. Die Kosten, aber auch die Belastung des Projektleiters oder Coachs werden nicht ausreichend berücksichtigt und honoriert. Also, es wird zum einen nicht honoriert und es wird überhaupt nicht gesehen, dass es das gibt."

Zeit in Einarbeitung zu investieren, hilft später Zeit zu sparen!!!

Mitarbeiter A: „Wirklich eine Woche nur einarbeiten. Was ist was und wirklich auch ins Detail gehen und sich darum kümmern und nicht alle paar Minuten wieder verschwinden. Also, nur eine einzige Aufgabe und die heißt: Neue Mitarbeiter richtig einarbeiten und nichts anderes, auch keine Arbeiten nebenher. Das hätte viel Zeit gespart, die wir dann später verbraten haben."

Der Aufbau dieser Kurzgeschichte entspricht der einer klassischen Erfahrungsgeschichte. Immer häufiger werden aus den Rohmaterialien der Interviews allerdings auch andere Formen von Erfahrungsgeschichten erstellt, welche eher an die Abenteuergeschichte eines Projektteams erinnern und oftmals auch mit fiktiven Inhalten und Protagonisten arbeiten. Die oben dargestellte Spaltenform mit Originalzitaten und Anmerkungsspalte wird dabei meist zugunsten eines Fließtextes mit gelegentlichen Anmerkungen aufgehoben. Diese Form der Erfahrungsgeschichte erlaubt bei der Erstellung und beim Schreiben deutlich mehr Freiheiten, birgt aber auch die Gefahr, die Fakten und tatsächlichen Erfahrungen der Beteiligten zugunsten einer spannenden Geschichte aus dem Blick zu verlieren.

Tipps und Erfahrungen

Bei der Entscheidung für die Erstellung einer fiktiven Erfahrungsgeschichte ist es wichtig, das richtige Setting und passende
Protagonisten zu finden. Das Setting sollte zwar in einer anderen
Welt spielen (z. B. im Weltraum, auf eine Schiffsreise, im Dschungel),
es müssen aber dennoch Parallelen zur Realität des Unternehmens
bzw. des untersuchten Projektes erkennbar sein. So spielt die
Erfahrungsgeschichte über ein Umweltprojekt eines Verbandes,
bei dem unterschiedliche Verbandsuntergruppen beteiligt waren,
in der Schifffahrt. Ein Mutterschiff schickt in der Geschichte
verschiedenartige Boote aus, um die Mission zur Rettung der
Wasserqualität eines bedrohten Landes durchzuführen. Die
auch optisch unterschiedlichen Boote symbolisieren dabei die
unterschiedlichen Kulturen der Verbandsuntergruppen, die in
der Realität des Projektes zu erheblichen Problemen führten
(◘ Abb. 6.12).
Bei der Auswahl der Protagonisten sollten sog. Archetypen
gebildet werden. Das heißt, der Einfachheit halber und für eine
bessere Lesbarkeit tauchen in der fiktiven Geschichte nicht alle
Interviewpartner auf, sondern es werden für das Projekt typische
Mitarbeitergruppen zusammengefasst. Bei dem Umweltprojekt
des Verbandes bestanden die Protagonisten aus einem Kapitän
des Flaggschiffes, zwei Bootskapitänen, einer Steuerfrau und zwei
Funkern. In Wirklichkeit wurden 15 Personen befragt. Die beiden
Bootskapitäne standen z. B. stellvertretend für die acht Projektleiter
der Verbandsuntergruppen.

Bei den geschilderten Erlebnissen ist immer zu hinterfragen, ob die
Leser der Erfahrungsgeschichte diese auch „dekodieren" und in ihren
Projektalltag übertragen können. Die Leser müssen verstehen, welcher
tatsächliche Sachverhalt bzw. welches Problem oder welche Erfahrung
hinter dem geschilderten fiktiven Inhalt steckt. In der Erfahrungsgeschichte des Verbandes funkt beispielsweise der Kapitän an alle Boote,
dass diese vor Beginn ein „Safety Training" durchlaufen müssen. Alle
Boote fassen den Funkspruch anders auf, handeln anders oder ignorieren
ihn gar. Auch in der Projektrealität kam es immer wieder zu unterschiedlichen Auslegungen und Einschätzungen, was die Anweisungen vom Ver-
bandsvorstand an die Untergruppen betraf. Die fiktive Geschichte spie-
gelte das Verhalten der Verbandsuntergruppen wider. Am besten gelingt
die Übertragung von Inhalten in die fiktive Geschichte, wenn am Projekt
beteiligte, aber auch Mitarbeiter, die später von der Erfahrungsgeschichte
profitieren sollen, mit in den Prozess der Geschichtenerstellung einbezogen werden.

*Bei fiktiven
Erfahrungsgeschichten müssen
Setting und Protagonisten
sorgfältig ausgewählt werden*

Mission Aqua Salvare

Die Reise einer Schiffsflotte, um das Fischsterben im Königreich Arkadonien zu verhindern

▣ Abb. 6.12   Beispiel aus einer fiktiven Erfahrungsgeschichte

6.4.3   Entwicklung des Erfahrungsdokumentes

▪ ▪ Was ist das Ziel?

Managementsummary zur Einführung und als Nachschlagewerk

Damit für den Leser der Erfahrungsgeschichte die Intention, die Hintergründe der Erstellung und der für viele evtl. ungewöhnliche Aufbau verständlich werden, sollte neben der Erfahrungsgeschichte selbst eine Art „Managementsummary" erstellt werden, das eine Einführung in die Erfahrungsgeschichte gibt und darüber hinaus als Nachschlagewerk (über beteiligte Personen, Hintergründe zum Projekt etc.) fungiert. Erfahrungsgeschichte und Managementsummary zusammen ergeben dann das vollständige Erfahrungsdokument.

▪ ▪ Wie läuft das ab?

Ein Managementsummary besteht aus folgenden Teilen:

- **Vorwort:** z. B. mit einer Stellungnahme der Unternehmensleitung oder eines anderen Entscheiders und mit einer Danksagung an alle Beteiligten und Interviewpartner;

- **Hinweise zum Lesen der Erfahrungsgeschichte:** Erklärung des Aufbaus der Geschichten, wie man sie lesen sollte und was man daraus lernen kann;
- **Darstellung des Projektes:** Hintergrundinformationen über das untersuchte Projekt, die der Leser kennen sollte;
- **Vorstellung der in der Geschichte auftretenden Personen:** Beschreibung der Charaktere und ihrer Aufgaben im Projekt (evtl. in anonymisierter Form).

Tipps und Erfahrungen

Das Schreiben des Erfahrungsdokumentes in einem Team bedarf neben einer guten Koordination und Absprache auch der Entwicklung eines gemeinsamen „Erzählgefühls", denn auch bei mehreren Autoren der Erfahrungsgeschichte muss am Ende für den Leser der Eindruck entstehen, die Geschichte sei aus einem „Guss". Das bedeutet immer auch einen Spagat zwischen dem koordinierten Abarbeiten der Teilschritte und der kreativen schriftstellerischen Tätigkeit. Hierfür bedarf es einerseits ausreichender Kompetenzen im Umgang mit dieser Art von Daten und der Datenmenge und zum anderen Erfahrungen im kreativen Schreiben von Texten unter Berücksichtigung von Zielen und Erwartungen des Unternehmens sowie der Fairness gegenüber den Interviewpartnern.

6.5 Validierungsphase

Die Inhalte einer Erfahrungsgeschichte halten dem Unternehmen immer auch einen Spiegel vor. Unter Umständen können bestimmte Inhalte auch unvorhersehbare Konsequenzen nach sich. Dies ist besonders dann heikel, wenn dabei bestimmte Mitarbeiter im Brennpunkt stehen, deren Kompetenzen oder Verhalten in der Erfahrungsgeschichte kritisiert werden. Da die Mitglieder des Storytelling-Teams die Konsequenzen mancher Inhalte und Zitate nicht selbst abschätzen können, muss das Erfahrungsdokument vor Veröffentlichung im Unternehmen nochmals an die Beteiligten zurückgegeben werden. Dies ist aufgrund der Fairness gegenüber den Mitarbeitern, die sich bereit erklärt haben, ein Interview zu führen, unablässig, denn häufig erzählen Mitarbeiter während des Interviews Projektdetails und Interna über das Unternehmen, die sie eigentlich nicht veröffentlicht sehen möchten. Manche Interviewpartner werden auch erst beim Lesen der Erfahrungsgeschichte erkennen, welche Auswirkung ihr Zitat im Zusammenhang mit anderen Zitaten hat und möchten es

Aus Gründen der Fairness muss die Erfahrungsgeschichte den Beteiligten zur Kenntnis gegeben werden

daher lieber streichen lassen. Dafür gibt die Validierungsphase jetzt Gelegenheit.

„Abnahme" der Geschichte durch die Beteiligten

Man kann sich diese Phase von Storytelling als die Abnahme des fertig gestellten Hauses durch die frisch gebackenen Hausherren vorstellen. Sie gehen dabei zusammen mit dem Architekten, den Arbeitern und Installateuren das Haus ab, schauen, ob auch alles den Plänen gemäß ausgeführt wurde und ob sich nicht noch irgendwo Schwachstellen zeigen. Schließlich findet mit einem Handschlag die Abnahme statt und die Bewohner können beruhigt in ihr Haus einziehen.

> In der Validierungsphase geht es darum, Fairness gegenüber den Interviewpartnern zu zeigen und die Erfahrungsgeschichte auf Richtigkeit der Inhalte hin überprüfen zu lassen. Dafür wird die Geschichte sowohl den **Interviewpartnern** als auch dem **Entscheider für die Abnahme zur Verfügung gestellt.**

■ ■ **Was ist das Ziel?**

Überprüfung der Inhalte auf Richtigkeit

Ziel der Validierungsphase ist es zum einen, den Interviewpartnern vor allen anderen im Unternehmen Gelegenheit zu geben, die fertige Geschichte zu lesen und zu prüfen. Das ist für die Interviewten eine Art Garantieschein, im Zweifelsfall heikle, durch das Storytelling-Team falsch interpretierte oder inhaltlich falsch zugeordnete Zitate vor Veröffentlichung noch streichen oder verändern zu können. Für das Storytelling-Team auf der anderen Seite ist dieser Schritt wichtig, um sich zu vergewissern, dass keine Unstimmigkeiten oder inhaltlichen Fehler in der Geschichte verborgen sind. Zum anderen kann jetzt die Erfahrungsgeschichte dem Entscheider nochmals vorgelegt werden, um abzuklären, ob seine Erwartungen an das Dokument erfüllt sind.

■ ■ **Wie läuft das ab?**

Die Validierungsphase umfasst zwei Schritte:

Änderungen innerhalb der eigenen Zitate

1. Validierung durch die Interviewten   Dabei wird das Erfahrungsdokument an alle Personen, die interviewt wurden, verschickt, mit der Bitte, sich dieses gut durchzulesen und das Storytelling-Team bei Änderungswünschen zu kontaktieren. Änderungen können dabei allerdings nur innerhalb der eigenen Zitate vorgenommen werden. Fallen den Interviewten inhaltliche Widersprüche oder Unvollständigkeiten auf, sollen sie diese jedoch auch benennen. Anschließend werden die Änderungswünsche vom Storytelling-Team eingearbeitet.

Endabnahme durch den Entscheider

2. Validierung durch den Entscheider   Jetzt bekommt der „Entscheider", der bereits in die Planung des Storytelling-Projektes involviert war (▶ Abschn. 6.1.1), das fertige Erfahrungsdokument zu lesen. Er liest sich das gesamte Dokument durch und überprüft, ob es die gestellten Anforderungen erfüllt bzw. ob noch Änderungswünsche bestehen. Ggf. muss das Erfahrungsdokument nach diesem Durchgang noch angepasst werden.

Jetzt ist das Erfahrungsdokument fertig und kann im Unternehmen verteilt und diskutiert werden.

Tipps und Erfahrungen

Achtung: Streichungen oder Veränderungen von wichtigen Zitaten können unter Umständen ganze Handlungsstränge und Inhalte der Erfahrungsgeschichte durcheinander bringen und einen enormen zeitlichen Aufwand für das Umschreiben nach sich ziehen. In diesem Fall empfiehlt es sich, mit den Betroffenen zu sprechen, um eine für alle vertretbare Lösung zu finden. Zum Beispiel können Aussagen komplett anonymisiert werden, in dem eine weitere fiktive Person in die Geschichte eingeführt wird, die alle heiklen Zitate übernimmt, oder Inhalte aus Zitaten werden als Aussagen der Autoren in Zwischentexte übernommen.

6.6   Verbreitungsphase

„The learner learns what the learner wants to learn." (Kleiner u. Roth 1996)

Das Erfahrungsdokument ist jetzt fertiggestellt und beinhaltet die Lehren, Tipps und Tricks, die die Interviewten bei Durchführung des untersuchten Projektes gewonnen haben. Damit darf die Geschichte bzw. Storytelling aber nicht enden. Um einen nachhaltigen Effekt im Unternehmen zu erreichen, geht es jetzt darum, die Inhalte tiefergehend aufzuarbeiten, zu hinterfragen, Einsichten bei Mitarbeitern zu erzielen, Wissen aus der Geschichte weiterzugeben und konkrete Verbesserungsmaßnahmen abzuleiten. Das Erfahrungsdokument selbst ist dabei so etwas wie der Erfahrungsschatz eines Unternehmens. Damit der Deckel dieser Schatzkiste nicht verschlossen bleibt und die in ihr verborgenen Schmuckstücke nicht unbesehen darin verstauben, muss die Schatzkiste geöffnet und ihr Inhalt möglichst vielen Mitarbeitern und Bereichen zugänglich gemacht werden. Einen Anfang, um das Erfahrungsdokument zu verbreiten, können z. B. gezielte Workshops im Unternehmen bilden, an denen einerseits Beteiligte des beschriebenen Projektes und andererseits Nutznießer der Erfahrungen, die sich in ähnlichen Situationen befinden, teilnehmen, um sich auszutauschen und voneinander zu lernen.

In den Worten der Hausbauanalogie, bedeutet das: Die stolzen neuen Haubesitzer laden jetzt alle Arbeiter zu einem großen Einweihungsfest ein, zu dem auch Freunde und zukünftige „Häuslebauer" geladen werden. Man spricht über die anstrengenden Arbeiten, freut sich über das fertige Haus, hat insgeheim schon Anbaupläne; und

Der „Erfahrungsschatz" darf nicht in der Schublade verschwinden

Workshop mit Wissensträgern und -empfängern

Freunde sowie Bekannte nehmen die eine oder andere Anregung und Idee für ihr eigenes Bauvorhaben mit.

Ob die Verbreitung des Erfahrungsdokumentes und seiner Inhalte über Workshops erfolgt oder andere Kanäle genutzt werden, hängt dabei ganz von der Zielsetzung, den zur Verfügung stehenden Ressourcen und den technischen Möglichkeiten im Unternehmen ab.

▪ ▪ Was ist das Ziel?

Für die Durchführung der Verbreitungsphase gibt es keine standardisierten Regeln oder genauen Ablaufbeschreibungen, da je nach Thematik, Zielgruppe und geplanter weiterer Verwendung des Erfahrungsdokumentes diese ganz unterschiedlich zu gestalten ist. Generell hat die Verbreitungsphase aber folgende Aufgaben zu erfüllen:

- **Aufarbeiten der „Geschichte":** Den interviewten Mitarbeitern muss Gelegenheit gegeben werden, sich zu Aussagen in der Geschichte zu äußern und gemeinsam zu diskutieren.
- **Nachfragen:** Die Wissensempfänger bzw. „Nutznießer" der Geschichte müssen die Möglichkeit bekommen, Fragen, die sich beim Lesen der Erfahrungsgeschichte ergeben haben, stellen und diskutieren zu können.
- **Weitergeben:** Es muss Raum dafür geschaffen werden, damit die Wissensträger ihre wichtigsten Erfahrungen, Tipps und Tricks weitergeben können.
- **Einsichten gewinnen:** Die Leser der Geschichte und die Beteiligten sollen durch Diskussionen und Auseinandersetzungen mit den Inhalten Einsichten entwickeln.
- **Verbesserungsvorschläge ableiten:** Die in der Erfahrungsgeschichte enthaltenen konkreten Verbesserungsvorschläge für Folgeprojekte müssen abgeleitet und aufgegriffen werden.

▪ ▪ Wie läuft das ab?

Exemplarisch werden im Folgenden Ideen vorgestellt, wie die Erfahrungsgeschichte im Unternehmen verbreitet werden kann:

Diskussion über Inhalte und Lehren

1. Verbreitung in Workshops   Die Workshops geben Mitarbeitern des Unternehmens die Möglichkeit, in einer offenen Diskussion über die Inhalte und Lehren der Erfahrungsgeschichte zu sprechen.

Die Workshops können dabei verschiedene Schwerpunkte setzen: Sie können als eine Art offener Austausch konzipiert sein, in dem es maßgeblich darum geht, ein Bewusstsein und ein Verständnis für Mitarbeiter in anderen Positionen und deren Standpunkte, Nöte und Erfahrungen zu erlangen. Ziel ist hier vorwiegend die Sensibilisierung von Mitarbeitern für zwischenmenschliche Themen wie Kommunikation, Teambildung, Einarbeitung, Führung etc. Der Schwerpunkt kann aber auch darauf liegen, Verbesserungsmaßnahmen für Folgeprojekte aus der Erfahrungsgeschichte abzuleiten. Dabei geht es überwiegend darum, konkrete Prozessverbesserungen abzuleiten und in bestehende Projektmanagementstrukturen und Abläufe zu integrieren.

Die Teilnehmer der Workshops können dabei je nach Zielsetzung eine Mischung aus Interviewten und anderen Mitarbeitern, ein bestimmtes Team bzw. eine Projektgruppe oder Mitarbeiter bestimmter Bereiche oder Funktionen sein.

Tipps und Erfahrungen

Für die Durchführung von Verbreitungsworkshops ist unbedingt genügend Zeit einzuplanen, damit die Teilnehmer möglichst ohne Zeitdruck über ihre Emotionen, Erfahrungen und Lehren sprechen können, da im Workshop zunächst ein Vertrauensverhältnis aufgebaut werden muss. Wenn möglich, sollte ein ganzer Tag zur Verfügung stehen. Auch zeigt sich, dass eine straffe Agenda störend ist. Eine moderierte, offene Diskussion ist oftmals der beste Rahmen für einen Workshop.

Die Moderation des Workshops sollte, wenn möglich, von Externen durchgeführt werden. Sie haben genügend Abstand zu den angesprochenen Themen und können als „Neutrale" auch heikle Themen besser ansprechen.

Beispiel

Als Beispiel für das Ergebnis eines solchen Workshops werden einige exemplarische Stichpunkte aus dem Workshopprotokoll über eine Erfahrungsgeschichte zu einem IT-Projekt vorgestellt. Als Teilnehmer waren am Projekt beteiligte Interviewpartner und Leiter anderer Projekte eingeladen.

- **Aufarbeiten:** (Beispiele für Themen, die die Wissensträger beschäftigten)
  - Wieso hat keiner erkannt, dass ein Projektpartner in große Schwierigkeiten geraten war?
  - Wieso hat keiner auf einen bestimmten Projektpartner gehört?
- **Nachfragen:** (Beispiele für Fragen von den Wissensempfängern)
  - Warum wurde trotz der massiven Probleme das Projekt nicht gestoppt?
  - Welchen Einfluss hatte das Management?
- **Weitergeben:** (Was die Wissensträger auf jeden Fall weitergeben wollten)
  - Projektdefinition von allen Beteiligten absegnen lassen.
  - Projektumgebung am Anfang klären.
  - Vertrauen in die Partner ist wichtig und muss erarbeitet werden.
- **Einsichten:**
  - Von Projektpartnern geäußerte Bedenken ernst nehmen und prüfen.
  - (Unnötiger) Druck vonseiten des Auftraggebers kann zu ungeahnten und kontraproduktiven Auswirkungen führen und sollte immer überdacht werden.
  - Persönliche Treffen der Projektpartner sind wichtig und können nicht ausschließlich durch Telefonkonferenzen ersetzt werden. (Man muss sich auch mal aussprechen können …).
- **Verbesserungsvorschläge:**
  - Rollen und Ziele aller am Projekt Beteiligten bei Projektstart in einem Meeting klar definieren und protokollieren.
  - Entscheidungsbefugnisse klären.
  - Priorisierung von Änderungswünschen (sonst keine Übersicht, Auftragnehmer ist irritiert und kann nicht die gewünschte Qualität liefern).
  - Schriftliches Festhalten von Änderungswünschen etc.

Reale Beispiele und
Erfahrungen zur Erhöhung
der Akzeptanz von
Trainingsinhalten

2. Verwendung in Trainings und Inhouse-Seminaren   Die Erfahrungsgeschichte bzw. einzelne thematisch passende Kapitel und Themen lassen sich auch gut in Inhouse-Schulungen und Seminaren im Unternehmen einsetzen. So können z. B. technische Schulungen um Zitate und Lessons Learned aus einer Erfahrungsgeschichte bereichert werden. Auch für Schulungen zu „weichen" Themen, wie Teamarbeit, Führungskompetenz oder Projektmanagement bieten die Inhalte von Erfahrungsgeschichten zahlreichen Stoff. Das Besondere ist, dass die Erfahrungsgeschichte reale Beispiele und Erfahrungen aus dem eigenen Unternehmen bietet und so die Akzeptanz für die Wichtigkeit der Trainingsinhalte für die Praxis bestärkt wird.

Zugang für alle zur
Erfahrungsgeschichte?

3. Verbreitung in Unternehmens-Wikis oder anderen Wissensmanagementinstrumenten   Eine weitere Möglichkeit, das Erfahrungsdokument oder einzelne Kurzgeschichten zu verbreiten, bietet z. B. ein Firmen-Wiki oder das Intranet. Besonderer Vorteil ist hier, dass jederzeit von Mitarbeitern auf die Geschichten zugegriffen werden kann und diese bearbeitet und ergänzt werden können. Allerdings sollte vor dem Einstellen gut überlegt werden, ob eine unternehmensweite Verbreitung überhaupt erwünscht ist, evtl. kann es sinnvoller sein, Geschichten nur gezielt an Teams und Mitarbeiter zu verteilen.

4. Verbreitung über Newsletter und Firmenzeitungen   Die Verbreitung der Erfahrungsgeschichte oder von Teilen daraus über Newsletter oder Firmenzeitungen weckt ebenfalls eine hohe Aufmerksamkeit bei Mitarbeitern. Auf diese Weise werden die Inhalte schnell gestreut und gelesen. Zu beachten ist aber, dass dadurch auch eine Diskussion im Unternehmen über die Inhalte in Gang gesetzt wird, die evtl. gesteuert werden muss.

Handbücher um Geschichten,
Tipps und Tricks ergänzen

5. Verwendung in Handbüchern und Prozessbeschreibungen   Falls einzelne Zitate bzw. Teile der Erfahrungsgeschichte bestimmte Prozesse des Unternehmens betreffen, so können diese mit in bestehende Handbücher oder Prozessbeschreibungen aufgenommen werden und sie ergänzen (Tipps und Tricks von Mitarbeitern). Ein positiver Nebeneffekt ist, dass die meist nüchternen Dokumente durch die Erfahrungsberichte attraktiver für die Leser werden.

Die letzten drei Vorschläge zur Verbreitung der Erfahrungsgeschichte sind vorwiegend zur Streuung der Geschichten im Unternehmen ohne einen Austausch gedacht. Natürlich können auch ohne den direkten Austausch mit anderen Mitarbeitern und Beteiligten über das Erfahrungsdokument beim Lesen Einsichten, Verhaltensänderungen und Verbesserungsideen für die eigene Arbeit entstehen; durch die gemeinsame Diskussion wird der Effekt jedoch um ein Vielfaches verstärkt. Deshalb ist zu entscheiden, ob neben der reinen Verbreitung über Wikis oder Newsletter hinaus gezielte Workshops durchgeführt werden sollen.

Tipps und Erfahrungen

Die Erfahrungsgeschichte wird möglichst durch im Unternehmen bereits institutionalisierte und bewährte Kanäle verbreitet. Da die Arbeit mit Geschichten an sich im Unternehmensalltag oftmals noch als ungewöhnlich empfunden wird, weckt ein bekannter Verbreitungsweg mehr Vertrauen.

6.7 Erfolgsbewertung von Storytelling im Unternehmen

Der Erfolg eines Storytelling-Einsatzes in Unternehmen lässt sich nicht so einfach in Zahlen erfassen und messen, denn neben den **konkret ableitbaren Verbesserungsideen** für Nachfolgeprojekte oder bestimmte interne Prozesse sind es vor allem die durch die Erfahrungsgeschichte hervorgerufenen **Einsichten** über zwischenmenschliche Zusammenhänge und das gewonnene **Verständnis** für Situationen und das Verhalten von Mitarbeitern, die den Wert von Storytelling ausmachen. Diese Verhaltensänderungen, die sich vorwiegend in den Köpfen der Mitarbeiter abspielen, treten oftmals erst dann zutage, wenn sich die betreffenden Personen in ähnlichen Situationen, wie in der Erfahrungsgeschichte beschrieben, befinden. Deswegen können sie am Ende des Storytelling-Prozesses kaum gemessen werden. Aber Unternehmen, die Storytelling einsetzen, geht es in erster Linie sicherlich auch nicht um schnell messbare, oberflächliche Erfolge oder allein um ableit- und rückführbare Maßnahmen für Projekthandbücher. Dafür gibt es bessere und ressourcenärmere Methoden. Storytelling bietet vielmehr die Chance, tiefer zu greifen und nachhaltige Veränderungen zu bewirken. Mittels der Schilderungen von Erlebnissen durch die Beteiligten und das Eingebettetsein der Erzählungen in reale Geschichten aus dem Projektleben des Unternehmens bleiben die persönlichen Erkenntnisse bei den Lesern haften und lassen sich in ähnlichen Situationen einfacher abrufen.

> Gewonnene Einsichten in Sachverhalte und Verständnis für das Verhalten anderer machen den Wert von Storytelling aus

Als Fazit lässt sich festhalten: Konkrete Verbesserungsmaßnahmen lassen sich auch mittels anderer Methoden erfolgreich und sicher auch mit weniger Aufwand ableiten. Was Storytelling jedoch darüber hinaus vermag, ist das Verständnis und die Einsicht bei den Mitarbeitern, die für die Durchführung der abgeleiteten Maßnahmen nötig sind, zu wecken. Die Darstellung von dramatischen Erfolgen oder Fehlschlägen, persönlichen Leistungen und Missgeschicken von Kollegen zeigt eindringlich, was passiert, wenn bestimmte Schritte missachtet oder zwischenmenschliche Aspekte unterschätzt werden.

> Storytelling sorgt für nachhaltige Veränderungen

Doch selbst wenn in Unternehmen Klarheit und Akzeptanz darüber herrscht, dass vieles, was mit Storytelling bewirkt werden kann, nur schwer zu messen ist, muss am Ende des Methodeneinsatzes vom Storytelling-Team Rechenschaft darüber abgelegt werden, ob sich die

Durchführung gelohnt hat und erfolgreich war. Für diesen Zweck sollten folgende Aspekte dokumentiert werden:

■ ■ 1. Abgleich mit den Zielsetzungen aus der Planungsphase

Abgleich mit den Zielen

Im „Kick-off"-Gespräch mit dem Entscheider (▶ Abschn. 6.1.1) wurden bestimmte Ziele festgelegt und protokolliert, die das Unternehmen mit dieser Methode verfolgen möchte. Am Ende des Einsatzes muss jetzt ein Abgleich mit diesen Zielen erfolgen und festgestellt werden, inwieweit sie erreicht wurden.

■ ■ 2. Festhalten und Prüfen von ableitbaren Verbesserungsmaßnahmen

Verbesserungsmaßnahmen ableiten

Auch sollten alle Maßnahmen, Tipps und Tricks, die sich aus der Erfahrungsgeschichte für das Projektmanagement und für die Verbesserung von Abläufen und Prozessen ableiten lassen, dokumentiert werden. Wo genau sind Schwächen erkennbar, wie kann diesen begegnet werden, wen betrifft es und wo in der Dokumentenstruktur (Handbücher, Intranet, Instrumente des Wissensmanagements etc.) muss dies festgehalten werden?

■ ■ 3. Sichern der Erkenntnisse, Erfahrungen, Einsichten der Leser und Workshopteilnehmer

Auch die „weichen" Wirkungen festhalten

Darüber hinaus muss auch versucht werden, schwerer fassbare Wirkungen von Storytelling festzuhalten. Aus Gesprächen mit den Lesern der Geschichte oder in den Diskussionen innerhalb der Verbreitungsworkshops lassen sich Einstellungsänderungen, Aha-Effekte und Einsichten erkennen. Diese werden stichpunktartig dokumentiert und, wenn möglich, zu Maßnahmen weiterentwickelt.

Auch wenn nicht alle Effekte von Storytelling dokumentiert werden können, so zeigt sich auf diese Weise doch ein erster umfassender Überblick über den Nutzen der Methode.

Folgender Ausschnitt aus der Erfolgsbewertung eines Storytelling-Einsatzes bei einem mittelständischen Unternehmen der Softwarebranche macht dies deutlich:

Beispiel

Das in der Planungsphase festgelegte Ziel war, durch die Erfahrungsgeschichte herauszufinden, in welchen Bereichen es in der Projektkultur des Unternehmens noch Schwachstellen gibt und wie denen begegnet werden kann.

Als schwierige Bereiche wurden in der Geschichte u. a. identifiziert: Einarbeitung, Teambildungsprozesse, Einbindung externer Partner, Rolle der Projektleitung, Urlaubsvertretung.

Bei den Lesern der Geschichte und in den Diskussionen des Verbreitungsworkshops wurden z. B. für das Thema „Einbindung externer Partner" folgende Einsichten und Maßnahmen ergriffen:

Einsichten: Partnerschaften müssen langfristig aufgebaut werden, „Einsatzbeschlüsse" für Externe in Zukunft nicht mehr über den Kopf des Teams hinweg entscheiden, auch Externe müssen motiviert und in Zusammenhänge eingebunden werden. Die Versäumnisse in diesen Punkten führten im Unternehmen zu kostspieligen Schwierigkeiten.

Maßnahmen: Erstellung eines Einschulungsplans für externe Mitarbeiter, Einarbeitungszeit für Externe (auch finanziell) regeln und in der Projektplanung berücksichtigen, regelmäßig Feed-back an Externe abgeben.

Solche Einsichten und Maßnahmen ließen sich für alle Themen der Erfahrungsgeschichte ableiten. Die Maßnahmen flossen unmittelbar in das Projektmanagement und in die Handbücher des Unternehmens ein.

Tipps und Erfahrungen

Wichtig ist am Ende des Storytelling-Projektes eine Abschlusspräsentation vor den Auftraggebern durchzuführen, bei der alle durch Storytelling erreichten Ziele dargestellt (konkrete Verbesserungsmaßnahmen, Erkenntnisse für das Unternehmen) und die nächsten Schritte besprochen werden können.

Weitere Storytelling-Methoden und Varianten

© Springer-Verlag Berlin Heidelberg 2017
K. Thier, *Storytelling,*
DOI 10.1007/978-3-662-49206-2_7

Storytelling-Varianten. (© Armbruster)

Mittlerweile gibt es eine ganze Reihe von Storytelling-Methoden

Die in ▶ Kap. 6 beschriebene Storytelling-Methode ist nicht die einzige Methode, die mit Geschichten in Unternehmen arbeitet. Mittlerweile gibt es eine ganze Reihe von mehr oder weniger fundierten Storytelling-Varianten auf dem Markt. Urheber dieser Methoden sind meist Unternehmensberater oder Mitarbeiter großer Konzerne, die entweder per Zufall oder im Rahmen ihrer praktischen Tätigkeiten auf den Nutzen von Geschichten stießen. Leider sind diese Methoden meist kaum dokumentiert, ausreichend getestet oder wissenschaftlich fundiert.

Nachfolgend werden einige weitere Storytelling-Methoden vorgestellt, über die bereits Einsatzerfahrungen vorliegen. Im Fokus steht dabei die Anwendung im Bereich Cultural Change, Unternehmenskultur, Projektmanagement, Wissenstransfer und Führungsaufgaben. Die mittlerweile recht vielen Storytelling-Ansätze rund um das Thema Rhetorik, Präsentation und Public Relations sollen hier nicht aufgezählt werden. Für diesen Anwendungsbereich gibt es zahlreiche gute Veröffentlichungen (z. B. Sammer 2014; Lampert und Wespe 2011).

7.1 „Appreciative Inquiry" – Einsatz von Geschichten in Großgruppen-Konferenzen

■■ **Beschreibung der Methode**

„Appreciative Inquiry" (zu Deutsch: wertschätzende Erkundung; im übertragenen Sinne aber: wertschätzende Unternehmensentwicklung) ist eine in den USA von Cooperrider und Srivastva (1990) an der Case Western University entwickelte Methode, die auf Erkenntnissen der modernen Verhaltenspsychologie basiert. Im Vordergrund stehen die Entdeckung und Stärkung der vorhandenen Kräfte in Unternehmen, die zielgerichtet für die betriebswirtschaftlichen Belange und Aufgaben eingesetzt werden sollen. Zur Bonsen (2000) setzt dieses Prinzip für die Arbeit mit Geschichten in Klein- und Großgruppenkonferenzen ein. Dabei wird im Vorfeld einer Konferenz gezielt nach positiven Erlebnissen der Teilnehmer und den „Highlights" eines Unternehmens gesucht. Mittels einer ausgefeilten Interviewmethode werden dazu hunderte oder sogar tausende Mitarbeiter angehalten, sich gegenseitig nach ihren besten Geschichten zu befragen. Eine Auswahl dieser Geschichten wird in die Versammlung eingebracht. In der Konferenz selbst wird gezielt geplant, wie künftig mehr von diesen „inspirierenden" Geschichten im Unternehmen erzeugt und verbreitet werden können.

> Entdeckung und Stärkung der positiven Kräfte eines Unternehmens

Unter Geschichten versteht zur Bonsen in diesem Zusammenhang eine Art von Märchen, die speziell für das Unternehmen und seine Situation geschrieben werden. Ziel der Geschichten ist es, neue positive Wahrnehmungen der Gegenwart und der Zukunft des Unternehmens zu erzeugen.

Für zur Bonsen können mit Hilfe von Geschichten in Unternehmen positive Bilder und Gefühle bei den Betroffenen für große Veränderungen oder Herausforderungen innerhalb der Organisation erreicht werden. Im Gegensatz zu reinen Fakten, die lediglich den Kopf von Mitarbeitern erreichen, können Geschichten Handlungsenergie freisetzen und die neue Situation als herausfordernde Reise oder lohnendes Ziel begreiflich machen.

Im Anschluss an die Konferenz schlägt zur Bonsen vor, an die inspirierendsten Geschichten an vielen Stellen in der Organisation mit Bildern und weiteren Medien zu erinnern.

■■ **Mögliche Einsatzfelder**

Die Methode ist besonders für große Unternehmen und Konzerne geeignet, die ihre Mitarbeiter positiv auf eine bevorstehende Veränderung bzw. Cultural-Change-Maßnahme einstimmen wollen. Zur Bonsen zählt folgende Arten der Veränderung in Organisationen auf, bei denen sich der Einsatz von Geschichten in Konferenzen lohnt:

> Einstimmung auf Cultural-Change-Maßnahmen

- Mitarbeiter für neue Strategien gewinnen,
- kulturelle Veränderungen,
- bevorstehende finanzielle Engpässe,
- Schwierigkeiten in Teams oder Arbeitsgruppen,
- Enttäuschungen aus der Vergangenheit,
- dysfunktionale Verhaltensweisen unterschiedlicher Gruppen bzw. Abteilungen.

Zur Bonsen selbst warnt allerdings davor, den Erfolg dieser Großgruppeninterventionen nur nach den kurzfristig umgesetzten Maßnahmen zu bewerten. Geschichten würden oft erst viel später zu konkreten Veränderungen führen. Auf seiner Homepage (http://www.all-in-one-spirit. de) lassen sich einige solcher Geschichten nachlesen.

7.2   Erzählungen zur Entschlüsselung der inoffiziellen Unternehmenskultur

■ ■ Beschreibung der Methode

Das Beraternetzwerk „System+Kommunikation" entwickelte aufgrund seiner Erfahrungen aus verschiedenen Beratungssituationen eine Methode, die das „Unternehmen im Kopf der Mitarbeiter" aufdecken kann (Frenzel et al. 2000). Sie stellten fest, dass die Bilder, die sich Management auf der einen und Mitarbeiter auf der anderen Seite von „ihrem" Unternehmen machen, oft erheblich voneinander abweichen. Mit Hilfe ihrer Methode, die sie ebenfalls Storytelling nennen, wird Wissen über das Unternehmen jenseits offizieller Beschreibungen geliefert, damit z. B. Veränderungsprozesse, Leitbilder, Visionen oder Kommunikationsstrategien, die entwickelt werden, tatsächlich dem individuellen Unternehmen entsprechen.

Aufdecken des verborgenen „Regelwerks"

Laut den Beratern von System+Kommunikation wird durch Storytelling ein im Unternehmen bislang „verborgenes Regelsystem" aufgezeigt, das in den meisten Fällen nicht identisch mit dem „offiziellen Unternehmen" ist, wie es in Leitbildern und Organigrammen abgebildet ist. Will man aber Veränderungen im Unternehmen vornehmen oder verstehen, warum etwas nicht wie gewünscht funktioniert, muss man dieses verborgene Regelsystem analysieren.

Ausgangspunkt dieser Storytelling-Methode ist ein wissenschaftliches Erhebungs- und Analyseverfahren auf der Basis von Erzählungen aus Unternehmen. Zunächst wird dabei das zu erreichende Ziel im Unternehmen festgelegt (z. B. die Identität eines Unternehmens, die real existierende Unternehmenskultur oder mögliche Problemfelder entdecken). Dann wird vom Unternehmen eine Liste von Interviewpartnern erbeten, deren Anzahl das Dreifache der tatsächlich benötigten Zahl an Teilnehmern umfasst, um den tatsächlichen Teilnehmern Anonymität zu garantieren. Anschließend werden Gespräche mit etwa einem Drittel der zu Befragenden geführt. In Einzelgesprächen von ca. einer Stunde erzählen die Gesprächspartner ihre Arbeitsbiographie. Das Gespräch folgt dabei den biographischen Spuren der einzelnen Mitarbeiter, es liefert zusammen mit den Erzählungen weiterer Mitarbeiter das Basismaterial für die Analyse. Je nach Größe des Unternehmens werden insgesamt zwischen 10 und 50 solcher Gespräche geführt, die auf Band aufgenommen und anschließend schriftlich festgehalten werden. Die Auswahl der Gesprächspartner ist dabei so angelegt, dass möglichst alle Hierarchieebenen und Tätigkeitsfelder abgedeckt werden.

Die Erzählungen dieser ersten Phase werden nach der Methode der Struktural-Analytischen Interpretation (SAI), die von Michael

Titzmann entwickelt wurde, analysiert. Dann werden erste Hypothesen über das „Unternehmen im Kopf" gebildet. Aus den schriftlich festgehaltenen Gesprächen müssen die enthaltenen Informationen dabei erst rekonstruiert werden. In einer zweiten Gesprächsrunde werden anhand der bereits gebildeten Hypothesen gezielt bestimmte Mitarbeiter befragt, um die aus der ersten Phase gewonnenen Hypothesen zu erweitern, genauer zu erfassen und zu ergänzen (Frenzel et al. 2000). Als fundiert genug gelten die Hypothesen dann, wenn neue Gespräche keine neuen Hypothesen, sondern nur noch weitere Belege für die bereits identifizierten Hypothesen liefern. (Dieses Prinzip beruht auf der „Grounded Theory" von Glaser und Strauss.)

Das Ergebnis ihrer Analysen bezeichnet System+Kommunikation als die „Rekonstruktion der Modelle des Unternehmens im Kopf". Diese werden den Auftraggebern in einem Workshop präsentiert, wobei auch gleichzeitig erste Ansätze zur Umsetzung des identifizierten Handlungsbedarfs entwickelt werden. Mehr Informationen liefert das Buch *Storytelling. Das Harun-al-Raschid-Prinzip* (Frenzel et al. 2004).

Rekonstruktion des Unternehmens im Kopf der Mitarbeiter

■ ■ **Mögliche Einsatzfelder**

Interessant ist diese Methode immer dann, wenn ein Unternehmen mehr über seine eigene Kultur und die Sicht seiner Mitarbeiter darauf kennen lernen möchte. Mögliche Kontexte sind z. B. Veränderungsprozesse, Entwicklung von Leitbildern, Visionen und Kommunikationsstrategien.

7.3   „Transfer Stories" zur Sicherung von Expertenwissen

■ ■ **Beschreibung der Methode**

„Transfer Stories" ist ein vom Beraternetzwerk NARRATA Consult entwickelter Ansatz für den Transfer von Expertenwissen. Das Vorgehen baut auf der in diesem Buch vorgestellten Erstellung von Erfahrungsgeschichten (Thier 2010) auf, berücksichtigt aber die speziellen Anforderungen von Leaving Experts in Unternehmen. Besondere Merkmale von Transfer Stories sind die Erfassung von Expertenwissen mittels narrativer und halbstrukturierter Interviews und durch Einsatz von systemischen Fragetechniken und Visualisierungen, die Analyse von Wissensstrukturen durch sozialwissenschaftliche, textanalytische Methoden, die Wissensweitergabe vom Leaving Expert an den Nachfolger durch einen moderierten Dialog und die kontextreiche Dokumentation der Ergebnisse in Form von Geschichten und Visualisierungen (Erlach et al. 2013).

Kontextreiche Dokumentation von Expertenwissen

Der Ablauf des Methodeneinsatzes ist im Wesentlichen in vier Phasen gegliedert (Thier & Erlach 2014):

■ **Phase 1 – Skizzierung der Wissensbedarfe (der Kollegen):**
In der ersten Phase wird aus der Fülle von möglichen Themen, über die der Experte sprechen könnte, selektiert. Alle für den Wissenstransfer relevanten Personen (Team, Nachfolger, Vorgesetzte) fixieren in einem

Kick-off-Workshop, was sie gerne von dem Experten wissen würden, und auch der Experte notiert, welche seiner Wissensthemen er für relevant hält. Die Punkte werden geclustert und priorisiert.

- **Phase 2 – Wissenstransfergespräche:**
  Dann finden zwei bis vier offen geführte Gespräche mit dem ausscheidenden Experten statt. Ziel der Gespräche ist es, konkrete Beispiele und Erfahrungen zu den gesammelten, relevanten Wissensbedarfen zu erhalten. Im Idealfall ist bei den Gesprächen bereits der Nachfolger mit dabei.

- **Phase 3 – Erstellen der Wissens- bzw. Netzwerkkarte:**
  Die Gespräche werden anschließend so ausgewertet, dass Wissenshaupt- und -unterkategorien entstehen und ihnen jeweils Erzählungen, Beispiele und Anekdoten des Experten zugeordnet werden. So entsteht eine übersichtliche Wissens- und Netzwerkkarte (meist in Form einer digitalen Mindmap), die zunächst einen groben Überblick über die Wissensbereiche des Experten gibt und eine Stufe tiefer in den Unterkategorien den Kontext dazu in Form von kleinen Stories liefert.

- **Phase 4 – Transferworkshop und Transfermaßnahmen:**
  In einem Workshop, an dem Experte, Team und Nachfolger teilnehmen, wird die Wissens- bzw. Netzwerkkarte vorgestellt, diskutiert und ggf. ergänzt. Daneben wird auch entschieden, wie mit den Wissensinhalten weiter umgegangen werden soll und ein konkreter zeitlicher Plan für die nächsten Schritte erstellt.

■ ■ **Mögliche Einsatzfelder**

Diese Methode ist speziell für den Wissenstransfer bei ausscheidenden Fachexperten und Führungskräften entwickelt worden. Da sie umfangreicher und zeitlich intensiver ist als andere Wissenstransfermethoden, wird sie oft dann eingesetzt, wenn besonders wichtige Experten und Mitarbeiter mit Spezialwissen ein Unternehmen verlassen.

7.4   „Springboard Story" zur Unterstützung von Veränderungsprozessen

■ ■ **Beschreibung der Methode**

Mentaler Sprung von der Geschichte zum eigenen Kontext

Unter „Springboard Stories" sind Geschichten zu verstehen, die beim Zuhörer einen mentalen Sprung im Verständnis für einen „Change"-Prozess in Unternehmen ermöglichen. Dabei soll der Zuhörer den „Sprung" vom Inhalt der gehörten Geschichte zu seinem eigenen Kontext und seinen Erfahrungen vollziehen. Es geht dabei nicht darum, eine hohe Anzahl von Informationen zu vermitteln, sondern Verständnis für Veränderungen zu gewinnen (Denning 2002). Entwickelt wurde die Idee zur Arbeit mit Springboard Stories von Denning im Rahmen der Einführung von Wissensmanagement bei der Weltbank. Um bei Vorgesetzten und Mitarbeitern ein Verständnis für

Wissensmanagement zu erreichen und sie von der Thematik zu überzeugen, setzte Denning diese Methodik ein.

Springboard Stories kennzeichnen dabei drei Schlüsselelemente (Denning 2001). Sie sollen:

- eine Verbindung zwischen einer neuen Idee und einem Protagonisten, der den Wandel durchlebt hat und mit dem sich die Zuhörer identifizieren können, herstellen können. Springboard Stories erreichen die Zuhörer nur dann, wenn sie sich in den Protagonisten einfühlen können und wenn dieser sich in einer ähnlichen Situation wie die Zuhörer befindet.
- den Zuhörer befremden und überraschen. Die beschriebenen Situationen müssen zwar nachvollziehbar, aber auch ungewöhnlich sein, um beim Zuhörer Interesse zu wecken.
- eine neue Idee oder Vorstellung so darstellen, dass der Zuhörer neue Einsichten und Erkenntnisse über eine Sache gewinnt. Die Zuhörer sollen mit der Geschichte auf eine neue Ebene des Verständnisses gehoben werden.

Springboard Stories erzeugen dabei eigentlich zwei Geschichten. Zum einen wird eine explizite Geschichte erzählt, z. B. wie ein amerikanischer Entwicklungshelfer in Sambia über das Internet ein spezielles Mittel gegen Malaria ausfindig macht. Daneben wird aber vom Zuhörer eine zweite, weitaus wichtigere Geschichte erzeugt, nämlich eine Erzählung, die das Gehörte auf die eigene Situation, die eigene Arbeitsumgebung überträgt. Diese zweite Geschichte ist eine Kreation des Zuhörers, zu der der Erzähler keine Verbindung hat. Laut Denning erreicht der Erzähler mit einer guten Springboard Story jedoch, beim Zuhörer eine simultane Geschichte zu seiner eigenen hervorzulocken. Die Zuhörer glauben die Geschichte, weil sie diese selbst kreiert haben.

Für Denning beruht die Kraft der Springboard Story nicht auf der Geschichte an sich, sondern auf der Reaktion, die sie bei den Zuhörern hervorruft.

Mittel zum Zweck für organisatorischen Wandel

Die Springboard Story ist keine Geschichte, die einfach erzählt wird, sie ist vielmehr ein Mittel zum Zweck. Ihr Ziel ist es, die Zuhörer dazu zu bewegen, ihre Zukunft selbst zu kreieren. Springboard Stories sind dabei als Katalysatoren für organisationalen Wandel zu verstehen.

Als nötige Elemente einer Springboard Story führt Denning (2001) Folgendes an. Die Geschichte soll:

- relativ kurz sein und aus wenig Text bestehen,
- für die Zuhörer verständlich sein,
- interessant sein,
- den Zuhörer auf eine andere Ebene des Verständnisses für eine Sache führen,
- ein „Happy End" haben,
- implizit eine Veränderung beschreiben,
- dem Zuhörer ermöglichen, sich mit den beschriebenen Personen zu identifizieren,
- sich um eine spezielle Person oder Organisation ranken,
- so viel wie möglich im Unternehmen getestet werden.

■ ■ Mögliche Einsatzfelder

Verständnis und Akzeptanz für Veränderungen

Springboard Stories sind grundsätzlich für den Einsatz im Rahmen von Akquise und Veranstaltungen gedacht, bei denen Veränderungsprozesse im Unternehmen vorgestellt werden und Verständnis und Akzeptanz bei Vorgesetzten und Kunden erreicht werden sollen.

Dabei eignen sie sich besonders gut als Einstieg in eine Präsentation über Cultural-Change-Maßnahmen, um die Zuhörer für ein bestimmtes Thema zu öffnen und ihr Interesse zu erlangen. Die Präsentation von Ergebnissen und Untersuchungen soll dabei in die Geschichte integriert oder um die Geschichte herum angeordnet werden. Eine andere Art, Springboard Stories einzusetzen, besteht darin, zunächst ein Problem zu beschreiben, das gelöst werden soll, und dann eine Geschichte als Beispiel für einen Lösungsversuch anzubringen. Die Springboard Story bietet dabei keine allumfassende Lösung an, sie kann den Zuhörer aber dazu anregen, selbst eine Lösung zu suchen.

Springboard Stories können aber auch für sich alleine stehen. Dies ist vor allem dann sinnvoll, wenn wenig Zeit vorhanden ist, um einen Sachverhalt zu erklären, z. B. wenn man einen Kollegen auf dem Flur trifft und kurz erklären soll, was Wissensmanagement ist.

Weitere Details lassen sich im Buch *The springboard: How storytelling ignites action in knowledge-era organizations* von Denning (2001) nachlesen.

7.5 „Story Construction" zur Veränderung der Unternehmenskultur

■ ■ Beschreibung der Methode

Der ehemalige Direktor des Knowledge Management Bereichs bei IBM Dave Snowden hat diesen Ansatz begründet, der ebenfalls auf Geschichten zur Veränderung der Unternehmenskultur setzt. Neben dem hier vorgestellten Vorgehen hat Snowden ganz unterschiedliche narrative Ansätze im Bereich Knowledge Management entwickelt und eingesetzt. Er ist einer der ersten Verfechter der humanistischen Seite des Wissensmanagements. Mehr Informationen finden sich auf seiner Homepage: http://www.cognitive-edge.com.

Er entwickelte die Story-Construction-Methode, in deren Rahmen reale Geschichten und Anekdoten aus dem Alltag eines Unternehmens gesammelt werden. Diese Geschichten müssen dabei aus zwei Komponenten bestehen: einem Handlungsablauf (Inhalt) und einer Aussage (Gehalt).

Konstruktion und Streuung „erwünschter" Inhalte

Die gesammelten Anekdoten und Geschichten werden dann in kleinstmögliche zusammenhängende Komponenten aufgeteilt und verwahrt. Diese Elemente enthalten die realen Werte und Regeln eines Unternehmens. Im Vergleich zu den vom Unternehmen gewünschten Normen und Regeln lassen sich darin auch unerwünschte kulturelle

Besonderheiten erkennen. Für diese „unerwünschten Besonderheiten" werden im nächsten Schritt Geschichten konstruiert, die die gewünschten Werte und Regeln beinhalten. Dazu werden aus dem Pool an gesammelten Geschichtenteilen Bausteine herausgesucht, die helfen, glaubwürdige Geschichten zusammenzufügen. Aus verschiedenen realen Geschichten eines Unternehmens wird also eine neue, konstruierte Geschichte, die aus Elementen ganz unterschiedlicher Geschichten zusammengesetzt ist. Sie ist dabei so konstruiert, dass sie die vom Unternehmen gewünschte Botschaft vermittelt. Anschließend werden die konstruierten Geschichten im Unternehmen in Umlauf gebracht. Dafür lässt man sie entweder gezielt von höheren Managern beim Mittagessen oder in der Kaffeeküche erzählen, integriert sie in eine wichtige Rede (z. B. bei Mitarbeiterversammlungen) oder verbreitet sie im Intranet (Snowden 2001, 1999, 1998).

■ ■ **Mögliche Einsatzfelder**
Story Construction bietet sich dann an, wenn ein Unternehmen unerwünschte Aspekte seiner Unternehmenskultur, die sich über die Zeit eingeschliffen haben, ändern möchte.

7.6 Storymanagement zur Unterstützung von Führungserfolg

■ ■ **Beschreibung der Methode**
Ziel von Storymanagement ist es, aus einem Unternehmen, einem Produkt oder Projekt eine gute Geschichte zu machen, um die Identifizierung der Mitarbeiter mit dem Unternehmen zu stärken. Mit Geschichten sollen Handlungen und Interventionen des Managements an die Erlebniswelt der Mitarbeiter rückgekoppelt werden. Entwickelt wurde dieser Ansatz vom Schweizer Unternehmensberater Michael Loebbert.

Rückkoppelung von Handlungen des Managements an die Erlebniswelt der Mitarbeiter

Ansatzpunkt für Storymanagement sind die „Basiserzählungen". Das sind Geschichten über den primären Unternehmenszweck. Sie sind die Blaupause für die Wahrnehmung von Problemen und Lösungen. Sie beschreiben, was das Erfolgsgeheimnis des Unternehmens ist, wie Probleme gelöst werden und welche Handlungen in der Vergangenheit dazu führten, dass Schwierigkeiten überwunden werden konnten. In diesen Basiserzählungen treten Helden des Unternehmens auf, die Abenteuer zu bestehen haben und nach vielen Wendungen ein Happy End erleben (Loebbert 2003).

Ausgangspunkt sind die „Basiserzählungen" des Unternehmens

Das Finden und Anknüpfen an der Basisgeschichte eines Unternehmens ist hier die Voraussetzung für die Weiterentwicklung einer Unternehmensgeschichte. Geschichten wirken nur, wenn sie in die Basiserzählung aufgenommen werden können bzw. diese systematisch variieren. Nur dann ergibt die Geschichte für die Mitarbeiter einen Sinn und kann in den Bedeutungsrahmen des Unternehmens aufgenommen werden und als Steuerungsinstrument funktionieren. Geschichten, die nicht zur Basisgeschichte passen, haben keine Bedeutung für die Handlungssteuerung.

Um Storymanagement im Unternehmen einzuführen, bedarf es vier Schritte (Loebbert 2003):

1. Zunächst muss Storymanagement in den Managementdiskurs des Unternehmens eingeführt werden. Dazu lautet die Frage: Inwiefern unterscheidet sich die Gestaltung des Unternehmens als Geschichte von bisherigen Gestaltungsmitteln?
2. Die Basisgeschichte des Unternehmens wird mittels narrativer Interviews mit Schlüsselpersonen rekonstruiert und zusammen mit den Managementverantwortlichen validiert.
3. Jetzt werden Fragen gestellt wie: Passt die Veränderung unserer Strategie, unser Geschäftskonzept oder eine Produktentwicklung zu unserer Basisgeschichte? Wie kann die Basisgeschichte weiterentwickelt werden, damit sie zu unseren Veränderungsmaßnahmen passt?
4. Schließlich werden Geschichten gesucht oder konstruiert, um die Basisgeschichte hinsichtlich des jeweiligen Managementzwecks zu erweitern.

Herstellen von Sinn durch Geschichten

Das Management vom Sinn im Unternehmen steht bei diesem Ansatz ganz oben als Herausforderung für das narrative Management. Es gilt also, Geschichten, die für Mitarbeiter, Kunden und Geldgeber sinnvoll erscheinen, zu konstruieren. Sinn zu machen und zur Verfügung zu stellen ist dabei Managementaufgabe und muss ständig neu hervorgebracht und gestaltet werden.

■ ■ **Mögliche Einsatzfelder**

Loebbert hält Storymanagement auf vielen Ebenen und Bereichen für sinnvoll, z. B.:

— **Storymanagement für Veränderungsprozesse**: Geschichten machen dabei äußerst komplexe Zusammenhänge des Wandels deutlich.
— **Führen mit Storymanagement:** Wird ihr Handeln in überzeugenden Geschichten weitererzählt, wird es dadurch für das Erleben der Mitarbeiter unmittelbar wirksam.
— **Storymanagement für die Speicherung von Wissen:** Geschichten helfen, relevantes Wissen, das oft in komplexen Zusammenhängen eingebettet ist, zu aktualisieren und transportieren. (Dazu gehört auch informelles Wissen, das in offiziellen Datenbanken nicht auftaucht.)
— **Markenführung mit Storymanagement:** Die Persönlichkeit einer Marke muss mit einer guten Geschichte deutlich gemacht werden, um sie für Kunden interessant zu machen. Umfangreiche Hinweise zu diesem Ansatz bietet das Buch *Storymanagement: Der narrative Ansatz für Management und Beratung* von Loebbert (2003).

▪ **Zusammenfassend lässt sich festhalten:**

Schaut man sich die hier vorgestellten Storytelling-Varianten an, so fällt auf, dass sie sich vorwiegend auf das Thema Cultural-Change-Management, also auf Veränderungsmaßnahmen in Unternehmen konzentrieren. Sicherlich können gerade hier Geschichten eine große Wirkung haben. Man täte narrativen Methoden aber unrecht, würde man sie nur auf den Einsatz von Veränderungsprozessen reduzieren.

Dass es darüber hinaus noch einige weitere Ebenen und Bereiche gibt, in denen Geschichten wichtige Funktionen erfüllen können, wird in ▶ Abschn. 2.3 „Die Macht der Geschichten: Was Geschichten in Unternehmen bewirken können" in diesem Buch aufgezeigt. In ▶ Kap. 4 finden sich darüber hinaus die speziellen Anwendungsbereiche der in ▶ Kap. 6 vorgestellten Storytelling-Methode.

Wichtig vor der Entscheidung für einen bestimmten Storytelling-Ansatz ist es, eingehend abzuwägen, was das Ziel bzw. die Anwendungsbereiche von Storytelling sein sollen und mit welcher Methode sich diese am besten erreichen lassen. Dabei sollte berücksichtigt werden, welcher Ansatz sich am besten mit der Unternehmenskultur und bereits eingesetzten anderen Methoden verbinden lässt.

Weiterführende Literatur

© Springer-Verlag Berlin Heidelberg 2017
K. Thier, *Storytelling,*
DOI 10.1007/978-3-662-49206-2_8

Mehr über Storytelling. (© Armbruster)

Mittlerweile gibt es eine ganze Reihe von Veröffentlichungen rund um das Thema narrative Methoden und Storytelling in Unternehmen. Diese reichen von wissenschaftlichen Untersuchungen, was Geschichten in Unternehmen bewirken, bis zu Praxisberichten über den Einsatz narrativer Methoden. Um Interessierten einen Überblick über die vorhandene Literatur zu ermöglichen, werden einige weiterführende Bücher und Artikel kurz kommentiert.

Wissenschaftlicher Hintergrund   Zunächst vier Literaturbeispiele für diejenigen, die sich eingehender mit dem wissenschaftlichen Hintergrund der Storytelling-Methode beschäftigen möchten.

▪▪ Literatur über hilfreiche sozialwissenschaftliche Methoden

— Holtgrewe, U. (2002). Organisationen erzählen? Das narrative Interview. In: S. Kühl & P. Strodtholz (Hrsg.), *Methoden der Organisationsforschung* (S. 71–102). Reinbek: Rowohlt.
(Ein Artikel, der sich mit narrativen Interviews in der Organisationsforschung beschäftigt und Fallbeispiele nennt.)

— Mayring, P. (2002). *Einführung in die Qualitative Sozialforschung*. Weinheim: Beltz.

(Dieses Buch gibt einen guten Überblick über Untersuchungs-
pläne qualitativer Forschung und über verschiedene Verfahren
qualitativer Analyse, die auch in der Storytelling-Methode zum
Tragen kommen.)

- Strauss, A. & Corbin, J. (1996). *Grounded Theory. Grundlagen
  qualitativer Sozialforschung*. Weinheim: Psychologie Verlags Union.
  (Auf Basis der „Grounded Theory" wurde die Storytelling-Me-
  thode ursprünglich aufgebaut. Das Buch gibt eine grundlegende
  Einführung in diese Denkweise.)
- Witzel, A. (1989). Das problemzentrierte Interview. In Jüttemann, G.
  (Hrsg.), *Qualitative Forschung in der Psychologie. Grundfragen, Verfah-
  rensweisen, Anwendungsfelder* (S. 227–256). Heidelberg: Asanger.
  (Ein Artikel über das Führen und Auswerten problemzentrierter
  Interviews; dieses Vorgehen ist für die Durchführung der Inter-
  views innerhalb von Storytelling wichtig.)

Darüber hinaus geben einige ausgewählte, eher theoretische Beiträge   Theoretische Beiträge
aus unterschiedlichen wissenschaftlichen Perspektiven und Disziplinen
Auskunft über Geschichten in Unternehmen.

▪ ▪ Theoretische Abhandlungen zum Thema organisationale Geschichten

- Bruner, J. (2002). *Making stories – Law, literature, life*. New York:
  fsgbooks.
  (Ein guter Einstieg in das Studium des narrativen Ansatzes aus
  Sicht der Psychologie, Literatur- und Rechtswissenschaften.)
- Erlach, C. & Thier, K. (2004). Mit Geschichten implizites Wissen
  in Organisationen heben. In: Wyssusek, B. (Hrsg.). *Wissensma-
  nagement komplex: Perspektiven und soziale Praxis* (S. 207–226).
  Berlin: Schmidt.
  (Artikel über die Rolle von Geschichten, um implizites Wissen in
  Unternehmen gezielt zu nutzen, erste methodische Ansätze und
  ein Fallbeispiel bei der voestalpine Stahl GmbH.)
- Gabriel, Y. (2001). *Storytelling in organizations: Facts, fictions and
  fantasies*. New York: Oxford University Press.
  (Dieses Buch beschäftigt sich damit, wie Geschichten in Organi-
  sationen beobachtet werden können und was sie über Organisa-
  tionen erzählen.)
- Orr, J. (1996). *Talking about machines. An ethnography of a
  modern job*. New York: Cornell University Press.
  (Eine ethnographische Feldforschung, die die Bedeutung von
  Geschichten für die Arbeit von Monteuren der Firma Xerox belegt.)
- Reinmann-Rothmeier, G. & Vohle, F. (2001). Was Schiedsrichter,
  Manager und Rotkäppchen gemeinsam haben: Mit Geschichten
  Wissen managen. *Zeitschrift für Führung und Organisation*, 5,
  293–300.
  (Ein Artikel über den Nutzen von Geschichten für Organisa-
  tionen und darüber, wie mit Geschichten Wissen gemanagt
  werden kann.)

━ Schank, R. (1995). *Tell me a story – Narrative and intelligence*. New York: Northwestern.
(Ein Klassiker der narrativen Psychologie; Schank beschreibt darin den Ansatz, dass menschliche Intelligenz narrativ sei.)
━ Thier, K. (2004). *Die Entdeckung des Narrativen für Organisationen. Entwicklung einer effizienten Story Telling-Methode*. Hamburg: Dr. Kovač.
(Überblick über wissenschaftliche Untersuchungen über Rollen und Funktionen von Geschichten in Unternehmen und Beschreibung erster methodischer Ansätze, besonders der Storytelling-Methode des M.I.T.)
━ Weick, K. (1995). *Sensemaking in organizations*. London: Sage.
(Im Mittelpunkt steht bei Weick die Bedeutung von Geschichten für die Herstellung von Sinn in Unternehmen.)

Literatur über die Storytelling-Methode

Ein paar kürzere Artikel zur Storytelling-Methode und zwei Erfahrungsgeschichten, die als Bücher veröffentlicht wurden.

▪ ▪ Literatur zur Methode Storytelling:

━ Erlach, C & Thier, K. (2004). Mit Geschichten implizites Wissen in Organisationen heben. In: Wyssusek, B. (Hrsg.), *Wissensmanagement komplex: Perspektiven und soziale Praxis* (S. 207–226). Berlin: Schmidt.
(Allgemeines zum narrativem Ansatz im Wissensmanagement und Einsatz von Storytelling anhand eines Praxisbeispiels.)
━ Kleiner, A. & Roth, G. (1998). Wie sich Erfahrungen in der Firma besser nutzen lassen. *Harvard Business Manager* 5, 9–15.
(Der erste deutschsprachige Artikel zur Storytelling-Methode des M.I.T.)
━ Neubauer, A. et al. (2004). Story Telling – Erfahrungsdokumente zur Weitergabe impliziten Wissens. In: Reimann, G. & Mandl, H. (Hrsg.), *Psychologie des Wissensmanagements, Perspektiven, Theorien und Methoden* (S. 351–358). *Göttingen*: Hogrefe.
(Die Storytelling-Methode beschrieben aus der Perspektive des Wissensmanagements.)
━ Roth, G. & Kleiner, A. (1999). *Oil Change. Perspectives on Corporate Transformation*. New York: Oxford University Press.
(Eine weitere Erfahrungsgeschichte, nachlesbar als Buch.)
━ Roth, G. & Kleiner, A. (2000). *Car Launch. The Human Side of Managing Change*. New York: Oxfort University Press.
(Eine Erfahrungsgeschichte über die Entwicklung eines neuen Autoprototyps.)

Praxisorientierte Bücher

Zum Abschluss noch einige interessante praxisorientierte Bücher, die die (methodische) Arbeit mit Geschichten in Unternehmen darstellen.

■ ■ **Praxisbücher und Literatur über Storytelling und weitere narrative Methoden und Ansätze:**

Zur Bonsen, M. & Maleh, C. (2001). *Appreciative Inquiry (AI): Der Weg zu Spitzenleistungen.* Weinheim: Beltz.
(Ziel der Methode ist es, Veränderungen anzuregen, indem gezielt das Positive im Unternehmen identifiziert und weiterentwickelt wird.)

Denning, S. (2001). *The Spingboard: How storytelling ignites action in knowledge-era organizations.* Woburn: Butterworth-Heinemann

Denning, S. (2004). *Squirrel Ing.: A fable of leadership through storytelling.* San Francisco: Jossey Bass.
(Eine Fabel darüber, wie Geschichten ein Unternehmen in Krisensituationen positiv beeinflussen können und zu nachhaltigem Geschäftserfolg führen.)

Frenzel, K. et al. (2006). *Storytelling – Das Praxisbuch.* München: Hanser.
(Praxisorientiertes Buch mit Beispielen für die Arbeit mit Geschichten in Unternehmen.)

Lampert, M. & Wespe, R. (2011). *Storytelling für Journalisten.* Konstanz: UVK.
(Praktische Werkzeuge und Beispiele für den Aufbau und die Struktur von Geschichten.)

Loebbert, M. (2003). *Storymanagement: Der narrative Ansatz für Management und Beratung.* Stuttgart: Klett-Cotta.
(Dieses Buch zeigt, wie Interventionen zur Führung, Strategie- und Unternehmensentwicklung mit und als Geschichten optimiert werden können.)

Sammer, P. (2014). *Storytelling. Die Zukunft von PR und Marketing.* Köln: O'Reilly.
(Bausteine und Techniken guter Geschichten für die Unternehmenskommunikation)

Silverman, L. (2006). *Wake me up when the data is over. How organizations use storytelling to drive results.* San Francisco: Jossey-Bass.
(Ein Buch mit vielen Praxisbeispielen, wie und wofür Unternehmen in den USA Geschichten einsetzen und welche Erfolge sie damit erzielten.)

Ausblick – Kurzvarianten von Storytelling

© Springer-Verlag Berlin Heidelberg 2017
K. Thier, *Storytelling*,
DOI 10.1007/978-3-662-49206-2_9

Storytelling für bestimmte Anlässe. (© Armbruster)

Es ist längst kein Geheimnis mehr, dass in der strategischen Nutzung von Geschichten großes Potenzial für Unternehmen liegt. Ob es darum geht, Erfahrungen von Mitarbeitern für das Wissens- und Qualitätsmanagement zu nutzen, Veränderungsprozesse zu unterstützen und zu bewerten oder ganz einfach darum, teure Wiederholungsfehler zu vermeiden und aus der Vergangenheit für die Zukunft zu lernen, Geschichten bieten hier vielfältige Möglichkeiten, diese Prozesse zu unterstützen.

Dennoch gibt es auf der anderen Seite immer noch wenig wirklich praktikable, effiziente und an die Bedürfnisse von Unternehmen angepasste narrative Methoden. Darüber hinaus fehlt es vielen Unternehmen noch immer an Mut, sich auf das Abenteuer „Geschichten" einzulassen. Es ist aber an der Zeit, die Arbeit mit dem Narrativen als gängige Methode in die Managementpraxis zu integrieren.

Die hier vorgestellte Storytelling-Methode, die auf die Erhebung, Dokumentation und Nutzung von Erfahrungswissen spezialisiert ist, soll hierzu Anregung und Anleitung bieten.

Für Unternehmen, denen ein umfangreiches Storytelling-Projekt zunächst zu groß oder schlicht zu teuer ist, hat NARRATA Consult verschiedene Kurzvarianten der Methode mit unterschiedlicher Zielsetzung entwickelt. Auch wenn diese sicherlich nicht so tief wie ein Storytelling-Projekt greifen und keine umfangreichen Aussagen über Unternehmenskultur, Veränderungsprozesse oder dokumentierte Mitarbeitererfahrungen liefern können, sind sie eine Einstiegs- bzw. eine gute Ergänzungsmöglichkeit für Storytelling.

Einige dieser Kurzvarianten sollen hier im Überblick vorgestellt werden.

■ ■ Share-it

Eine speziell auf das Projekt-„Debriefing" zugeschnittene Kurzform von Storytelling ist die Methode Share-it. Ziel dieser Methode ist es, kurz vor Beendigung von Projekten die wichtigsten dort gemachten Erfahrungen der Beteiligten in Form von Geschichten, Bildern oder Analogien aufzudecken und zu dokumentieren. Dafür wird ein gezielt an das Unternehmen angepasstes Instrumentarium mit Bausteinen für die narrative Erfassung der Projekterfahrungen entwickelt. Dieses enthält Anweisungen zur Durchführung der Methode und Trainingsunterlagen für einen Workshop.

Share-it! zum Projekt-Debriefing

Share-it! besteht im Wesentlichen aus vier Bausteinen:
- Orientierungsgespräch mit dem Projektleiter (er informiert über besondere Höhepunkte und Probleme),
- Auswahl der Bausteine bzw. Themen für den Workshop,
- Workshop mit dem Projektteam, aktive Auseinandersetzung mit Problemen oder Erfolgen des Projektes und Sammeln der Erfahrungen,
- Dokumentation der Erfahrungen in narrativer Form.

Meist geht dem Einsatz von Share-it! in Unternehmen die Durchführung eines ausführlichen Storytelling-Projektes voraus. Dabei werden die nötige Akzeptanz für die Arbeit mit narrativen Methoden geschaffen und die „Tool-Box" mit Themen und Anleitungen für den anschließenden Einsatz der Kurzvariante Share-it! entwickelt.

■ ■ 5-Minutes-Stories

Die „5-Minutes-Stories" stellen eine „qualitative" Alternative zu den allgemeinhin eher quantitativ angelegten Mitarbeiterbefragungen mit statistischen Auswertungen in Unternehmen dar. Ziel der Methode ist es, Meinungen, Werte, Einstellungen, Zufriedenheit, Motivation etc. von Mitarbeitern in einer kurzen, aber intensiven Gesprächssituation abzufragen. Dies geschieht in der sog. „Story-Box", die an verschiedenen Orten im Unternehmen (Kantine, Kaffeeecke, Eingang, Besprechungsraum etc.) aufgebaut werden kann. Die Mitarbeiter werden durch Schilder oder eine Person, die vor der Story-Box steht, gebeten einzutreten. In der Box sitzen Storytelling-Experten, die in einem ca. 5 Minuten dauernden Gespräch Mitarbeiter befragen. Zentral dabei ist, die Mitarbeiter zu ermuntern, möglichst frei über Beispiele, Anekdoten, Erlebnisse zum Thema zu erzählen (exploratives Interview). Die Gespräche werden digital aufgenommen, transkribiert und anonym ausgewertet. Dabei werden die Inhalte einem Auswertungskatalog zugeordnet, der sowohl Zielerwartungen der Auftraggeber als auch während der Gespräche abgeleitete Themenhäufungen enthält. So sind auch klassische Häufigkeits- und Prozentberechnungen möglich, die Aufschluss darüber geben, wie viele Mitarbeiter welche

„5-Minutes-Stories" als qualitative Alternative

Meinung teilen. Auf diese Weise lässt sich schnell und unkompliziert eine hohe Anzahl von Mitarbeitern direkt zu einem Thema befragen.

Die Ergebnisse, die das Unternehmen erhält sind dabei deutlich tiefergreifender, aussagekräftiger und inhaltsstärker als quantitative Rückmeldungen und liefern konkrete Ansatzpunkte für die Behandlung des Themas aus Mitarbeitersicht.

▪ ▪ Success Story

Success Stories für das Marketing

Eine andere Kurzvariante von Storytelling ist die so genannte „Success Story". Das sind Geschichten aus Mitarbeiter- oder Kundenmund, die über besondere (positive) Erfahrungen mit dem Unternehmen, Projekten, Produkten oder Dienstleistungen berichten. Dazu werden narrative Interviews mit ausgesuchten Mitarbeitern oder Kunden geführt. Anschließend wird aus den Erzählungen eine lebendige und motivierende Geschichte geschrieben.

Diese Geschichten können intern zu Motivationszwecken eingesetzt werden (z. B. innerhalb des Vertriebes, wenn Kollegen oder Kunden über besondere Erfolge erzählen) und extern zu Marketingzwecken (z. B. Verbreitung der Success Story in Werbebroschüren, Handzetteln oder über das Internet). In den USA setzen bereits viele namhafte Unternehmen, wie z. B. 3 M, Coca Cola oder Home America, Produktgeschichten ihrer Kunden zu Marketingzwecken ein.

Für eine eingehendere Analyse von Projekten oder die Erfassung umfangreicher Erfahrungen sind die Success Stories allerdings nicht geeignet.

▪ ▪ Transfer-Comics

Transfer-Comics

In eine etwas andere Richtung gehen die „Transfer-Comics". Ihr Ziel ist es, über das Medium des Comics, der in einer anderen Welt spielt (z. B. im Mittelalter oder in der Zukunft), auf bestimmte Werte (wie z. B. das Qualitätsbewusstsein) oder Probleme (z. B. im Projektmanagement) in der realen Unternehmenswelt aufmerksam zu machen. Oftmals werden bestimmte Situationen und mögliche Vermeidungsstrategien für Probleme erst durch die Verfremdung im Comic deutlich. Dadurch fällt es dem Leser leichter, die geschilderten Ereignisse auf die eigene Situation zu übertragen. Der Transfer-Comic ermöglicht es, auch über heikle Themen zu sprechen. In der Regel werden die Transfer-Comics im Rahmen von Workshops eingesetzt, bei denen die Teilnehmer Sprechblasen des Comics ausfüllen und anschließend gemeinsam darüber diskutieren, was der Comic mit ihrem Arbeitsalltag zu tun hat.

Weitere Informationen zu diesen Storytelling-Kurzvarianten finden sich unter der Internetadresse http://www.narrata.de.

Es bleibt zum Schluss zu wünschen, dass sich immer mehr Unternehmen für den Einsatz narrativer Methoden öffnen und entdecken werden, dass es sich jederzeit lohnt, abseits der alten, gewohnten Pfade neue Wege zu beschreiten.

Serviceteil

© Springer-Verlag Berlin Heidelberg 2017
K. Thier, *Storytelling*,
DOI 10.1007/978-3-662-49206-2

Literatur

Bay, R. (2014). *Erfolgreiche Gespräche durch aktives Zuhören.* Renningen: Expert.

Boje, D. M. (1991). Consulting and Change in the Storytelling Organisation. *Journal of Organizational Change Management,* 4(3), 7–17.

Boje, D. M. (1994). Organizational storytelling. The struggles of pre-modern; modern and post-modern organizational learning discourses. *Management Learning,* 25, 433–461.

Bonsen, M. zur (2000). Eine neue Geschichte erzählen: Spirit, Mythen, Großgruppen-Interventionen und liturgische Systeme. In: Königswieser, R. & Keil M. (Hrsg.) *Das Feuer großer Gruppen. Konzepte, Designs, Praxisbeispiele für Großveranstaltungen* (S. 85–99). Stuttgart: Klett-Cotta.

Campell, J. (1999). *Der Heros in tausend Gestalten.* Frankfurt: Insel.

Cooperrider, D. & Srivastva, S. (1990). *Appreciative management and leadership: The power of positive thought and action in organization.* Euclid, Ohio: Williams Custom.

Czariniawska, B. (1998). *A narrative approach to organizations studies.* Thousand Oaks: Sage.

Damasio, A. (2004). *Descartes Irrtum. Fühlen, Denken und das menschliche Gehirn.* Berlin: Marion von Schroeder Verlag.

Davenport, T. H. & Prusak, L. (1998). *Wenn unser Unternehmen wüsste, was es alles weiß – Das Praxisbuch zum Wissensmanagement.* Landsberg: Moderne Industrie.

Denning, S. (2001). *The springboard: How storytelling ignites action in knowledge-era organizations.* Woburn: Butterworth-Heinemann.

Denning, S. (2002). Using stories to spark organizational change. *Journal of Storytelling and Business Excellence,* 2. Verfügbar über: http://kmadvantage.com/docs/km_articles/using_stories_to_spark_organizations_change.pdf (Zugriff: 17.03.2010).

Eco, U. (1983). *Reflections on the name of the rose.* London: Minerva.

Erlach, C. & Thier, K. (2004). Mit Geschichten implizites Wissen in Organisationen heben. In: Wyssusek, B. (Hrsg.) *Wissensmanagement komplex: Perspektiven und soziale Praxis* (S. 207–226). Berlin: Schmidt.

Erlach, C., Orians, W. & Reisach, U. (2013). *Wissenstransfer bei Fach- und Führungskräften. Erfahrungswissen erfassen und weitergeben.* München: Hanser.

Frenzel, K., Müller, M. & Sottong, H. (2000). *Das Unternehmen im Kopf. Schlüssel zum erfolgreichen Change-Management.* München: Hanser.

Frenzel, K., Müller, M. & Sottong, H. (2006). *Storytelling. Das Praxisbuch.* München: Hanser

Herbst, D. (2014). *Storytelling.* Konstanz: UVK

Kleiner, A. & Roth, G. (1996). *Field manual for a learning historian.* MIT-COL and Reflection Learning Associates.

Kleiner, A. & Roth, G. (1997). *Learning Histories: A new Tool for turning Organizational Experience into Action.* Working Paper, MIT 21st Century Corporation Project. Verfügbar über http://ccs.mit.edu/lh/21CWP002.html (Zugriff: 29.03.2010)

Kleiner, A. & Roth, G. (1998). Wie sich Erfahrungen in der Firma besser nutzen lassen. *Harvard Business Manager,* 5, 9–15. (erste Veröffentlichung in: Harvard Business Review, 5 (75), 1997, unter dem Titel: How to make experience your company's best teacher).

Lampert, M. & Wespe, R. *Storytelling für Journalisten.* Konstanz: UVK.

Lehner, F. (2000). *Organizational memory.* München: Hanser.

Loebbert, M. (2003). *Storymanagement: Der narrative Ansatz für Management und Beratung.* Stuttgart: Klett-Cotta.

Mager, R. F. (1965). *Lernziele und programmierter Unterricht.* Weinheim: Beltz.

Martin, J, Feldman, Hatch, M. & Sitkin, S. (1983). The uniqueness paradox in organizational stories. *Administrative Science Quarterly,* 28, 438–453.

Martin, J & Powers, M. (1983). Organizational stories: More vivid and persuasive than quantitative data. In: Staw, B. (ed.), *Psychological foundations of organizational behaviour* (pp. 161–168). Glenview, IL: Scott, Foresman.

Mayring, P. (2002). *Qualitative Sozialforschung.* Weinheim: Beltz.

Mckee, R. (2001). *Story: Die Prinzipien des Drehbuchschreibens.* Berlin: Alexander.

Mitroff, I. I. (1983). *Stakeholders of the organizational mind. Toward a new view of organizational policy making.* San Francisco: Jossey-Bass.

Nymark, S. R. (2000). *Organizational storytelling. Creating enduring values in a high-tech company.* Hinnerup: Ankerhus.

Orr, J. E. (1996). *Talking about machines. An ethnography of a modern job.* New York: Cornell University Press.

Pennington, N. & Hastie, R. (1992). Explaining the evidence: Testing the Story Model for juror decision making. *Journal of Personality and Social Psychology,* 62, 182–206.

Reinmann-Rothmeier, G & Vohle, F. (2001). Was Schiedsrichter, Manager und Rotkäppchen gemeinsam haben: Mit Geschichten Wissen managen. *Zeitschrift für Führung und Organisation,* 5, 293–300.

Reinmann-Rothmeier, G., Erlach, C., Neubauer, A. & Thier, K. (2003). Story Telling in Unternehmen: Vom Reden zum Handeln – nur wie? (Teil 1). *wissensmanagement online.* Verfügbar über http://www.wissensmanagement.net/online/archiv/2003/02_2003/story-telling.shtml (Zugriff: 20.03.2010).

Reinmann-Rothmeier, G., Erlach, C., Neubauer, A. & Thier, K. (2003a). Story Telling in Unternehmen: Vom Reden zum Handeln – nur wie? (Teil 2). In: *wissensmanagement online.* Verfügbar über http://www.wissensmanagement.net/online/archiv/2003/03_2003/story-telling-2.shtml (Zugriff: 29.03.2010).

Roth, G. & Kleiner, A. (1999). *Oil change. Perspectives on corporate transformation*. New York: Oxford University Press.

Roth, G. & Kleiner, A. (2000). *Car launch. The human side of managing change*. New York: Oxford University Press.

Sammer, P. (2014). Storytelling. *Die Zukunft von PR und Marketing*. Köln: O'Reilly.

Schank, R. C. (1990). *Tell me a story. A new look at real and artificial memory*. New York: Collier Macmillan.

Serrano, A. (2012). *Medienkompetenz: Storytelling in der Unternehmenskommunikation*. Berlin: Cornelsen.

Silverman, L. (2006). *Wake me up when the data is over. How organizations use storytelling to drive results*. San Francisco: Jossey-Bass.

Simoudis, G. (2004). *Storytising. Geschichten als Instrument erfolgreicher Markenführung*. Groß-Umstadt: Sehnert.

Snowden, D. (1999). *Story Telling: An old skill in a new context*. Speaker Notes für einen an der Universität of Warwick durchgeführten Workshop, 24–25 November 1999. Verfügbar über http://www.cognitive-edge.com/ceresources/articles/10_Storytellling1_-_Old_Skill_New_Context_.pdf (Zugriff: 17.03.2010).

Snowden, D. (2001). Narrative patterns – The perils and possibilities of using story in organisations. *Knowledge Management*, 4, 10 (July–August), 10–15.

Spitzer, M. (2002). *Lernen. Gehirnforschung und die Schule des Lebens*. Heidelberg: Spektrum Akademischer Verlag.

Thier, K. (2004). *Die Entdeckung des Narrativen für Organisationen. Entwicklung einer effizienten Story Telling-Methode*. Hamburg: Dr. Kovač.

Thier, K. & Erlach, C. (2013), Der Storytelling-Prozess. Narrative Methoden zur Reflexion und Prävention von Teamkonflikten. *Konfliktdynamik – Verhandeln, Vermitteln und Führen in Organisationen*, 4, 272-281.

Thier, K. & Erlach, C. (2014), Wissenstransfer mit Storytelling. Erfahrungswissen von ausscheidendem Fachpersonal sichern. *Klinik, Wissen, Managen*, 3, 25-27.

Thier, K. (2014). Storytelling: Analyseinstrument der Unternehmenskultur. *Die Wirtschaftsmediation*, 2, 26-29.

Van Maanen, J. (1979). The fact and fiction in organizational ethnography. *Administrative Science Quarterly*, 24, 539–550.

Vance, C. M. (1987). A comparative study on the use of humor in the design of instruction. *Instructional Science*, 16, 79–100.

Weick, K. E. (1995). *Sensemaking in organizations*. London: Sage.

Wilkins, A. L. (1983). Organizational stories al symbols which control the organization. In: Pondy, L. R., Frost, P. J., Morgan, G. & Dandridge, T. C. (eds.), *Oranizational symbolism* (pp. 69–92). Greenwich, Connecticut: Jai Press Inc.

Wilkins, A. L. (1984). The creation of company cultures: The role of stories and human resource systems. *Human Resource Management*, 23 (1), 41–60.

Zulauf, S. (2009). *Unternehmen und Mythos. Der unsichtbare Erfolgsfaktor*. Wiesbaden: Gabler.

Stichwortverzeichnis

The manufacturer's authorised representative in the EU is Springer
Nature Customer Service Centre GmbH, Europaplatz 3, 69115 Heidelberg,
Germany. If you have any concerns regarding our products, please
contact ProductSafety@springernature.com

Printed and bound by CPI Group (UK) Ltd, Croydon, CR0 4YY
27/04/2026
02097655-0019